SIMPLES NOTES

DE VOYAGES

—

Gabon — Madagascar

Guyane

PAR

Ad. DOMERGUE

TRÉSORIER-PAYEUR DES COLONIES

MEMBRE DE LA SOCIÉTÉ DE GÉOGRAPHIE DE PARIS

——

PARIS

IMPRIMERIE PAUL DUPONT

4, RUE DU BOULOI, 4

—

1893

SIMPLES NOTES

DE VOYAGES

SIMPLES NOTES

DE VOYAGES

—

Gabon — Madagascar

Guyane

PAR

AD. DOMERGUE

TRÉSORIER-PAYEUR DES COLONIES

MEMBRE DE LA SOCIÉTÉ DE GÉOGRAPHIE DE PARIS

—

PARIS

IMPRIMERIE PAUL DUPONT

4, RUE DU BOULOI, 4

—

1893

SIMPLES NOTES DE VOYAGES

PREMIÈRE PARTIE

DE PARIS AU GABON, PAR LIVERPOOL

Le 9 juin 1879, je partais de Paris par le train de 9 *heures* 35, après avoir pris mon billet direct de Paris à Londres, et montais dans le railway du Nord pour me rendre à Calais, de là à Douvres, puis à Londres et enfin à Liverpool, où je devais trouver le bateau qui m'amènerait au Gabon. Au premier abord, ce trajet peut paraître bizarre; aller au nord de l'Angleterre en partant de Paris, lorsque l'on veut se rendre au sud de la France, cela ressemble à un chemin des écoliers.

Mais, chose triste à dire, nous n'avions pas, en 1879, une ligne de paquebots français, faisant le trajet de France au Gabon, colonie française.

L'on pouvait bien partir de Bordeaux, deux fois par mois même, et aller à Dakar; mais là, il fallait attendre le départ du transport de l'Etat, qui ne va au Gabon que de loin en loin. Bref, comme employé du gouvernement, j'étais forcé de suivre les ordres, bien content que l'on ne me fît pas passer par le pôle Nord.

C'était mon premier long voyage, je laissais en France les miens, la sécurité, pour aller, à 1,800 lieues de mon pays, habiter pendant trois ans une côte malsaine.

Aussi, sitôt en wagon, la réaction arriva, la présence de mes amis qui m'avait soutenu jusque là me manquant, je sentis mon cœur se serrer et des larmes me monter aux yeux. Ce voyage, que j'accomplissais comme un devoir et qui, par conséquent, me semblait simple, me parut épouvantable. Le vide et l'abandon se faisaient autour de moi.

Quand je sortis de ces tristes pensées, le train avait dépassé Amiens et filait sur Boulogne. Depuis là jusqu'à Calais, le pays n'offre qu'une surface assez plate parsemée de tourbières et de champs de colzas. L'arrivée à Calais est très pittoresque ; le chemin de fer, en sortant de la gare, roule sur un long pont de bois construit sur pilotis qui, à mer haute, est presque couvert par l'eau ; l'on se croirait en bateau. On longe des maisons qui s'élèvent le long de ce singulier chemin, et l'on arrive ainsi bord à bord du steamer qui chauffe et qui doit nous conduire à Douvres.

La traversée de Calais à Douvres est insignifiante, elle dure environ une heure trois quarts, et l'on ne perd pas les côtes de vue ; pourtant, par gros temps, plus d'un passager a le mal de mer. A Douvres, tout est, comme à Calais, parfaitement réglé ; du bateau, vous sautez dans un chemin de fer qui chauffe en attendant votre arrivée.

Nous sommes en Angleterre ; quelques douaniers, des dents et des pieds immenses, vous en font souvenir, autrement l'on se croirait en France.

Les deux plus grandes villes que l'on rencontre sur le parcours de Douvres à Londres sont : Canterbury, où j'aperçus le premier habit rouge, et Chatham, avec son vieux château pittoresque flanqué de ses quatre tours ; le tout dominant la ville. Au sortir d'une tranchée nous découvrons la Tamise, puis une interminable suite de champs très bien cultivés où paissent d'innombrables troupeaux de moutons. Cela me promet, je l'espère du moins, de succulentes côte lettes. Les cottages deviennent plus rapprochés, une buée flotte à l'horizon, des lignes de chemins de fer se croisent, s'enchevêtrent, les cheminées d'usine fourmillent ; l'on sent l'approche d'une grande ville. — Messieurs les voyageurs, rendez vos tickets, cela dit en anglais ; nous sommes à Londres, Victoria station.

Parti de Paris à 9 h. 35 le matin, j'arrivais dans la capitale des trois royaumes unis le même jour à 5 h. 35 du soir. Un cab me conduisait Hugo street, dans un hôtel de famille, que des gentlemen américains, mes compagnons de voyage, m'avaient indiqué, et après une nuit de repos je me mettais à arpenter, avec les jambes que l'on me connaît, les rues de Londres.

Je n'ai pas l'intention de faire ici la description entière de cette ville ; voyez, pour les monuments, le guide Joanne ou tout autre.

J'avoue que j'ai été un peu désillusionné. Paris m'avait blasé ou plutôt gâté, je ne pouvais faire, à Londres, que des comparaisons qui souvent restaient à l'avantage de ma capitale. Il y a des monuments splendides ; certes, le Parlement est supérieur au Louvre, pour moi ; Westminster de toute beauté, mais tous ces palais sont entourés de maisons basses et noires et de ruelles infectes ; pas de goût. Le palais de « Her Gracious Majesty the Queen Victoria » ou pour parler guide Joanne « Buckingham Palace » est peut-être beau (pour moi il ne l'est pas), mais, à deux pas, vous vous enfoncez dans la boue ; pas de trottoirs bitumés, pas de beaux candélabres et comme entourage un jardin public, qui ressemble à une fausse campagne. Hyde Park, qui remplace notre Jardin d'Acclimatation, moins les animaux, est magnifique, je ne lui reproche qu'une chose, c'est la longueur de ses champs. Les Londonniens peuvent s'y promener comme nous à Meudon.

Pourtant, après avoir dépassé Serpentine River, l'on trouve une avenue qui a beaucoup de cachet. Imaginez-vous l'avenue de l'Impératrice, pardon, avenue Mac-Mahon (à moins qu'elle n'ait un autre nom) ; mais une avenue de l'Impératrice sans fiacres et sans chevaux de louage, rien que des équipages du dernier goût et de grand luxe, des pur-sang montés par de blondes misses aristocratiques ou par de nobles lords ; cette promenade est très intéressante et très belle. Il y a encore le **Ministère de la Guerre**, construction lourde, gardée par les horse guards, cavaliers colosses aux costumes splendides, montés sur d'énormes chevaux noirs ; puis les quais, les colonnes de Nelson et de Trafalgar, une suite de palais, deux ou trois belles rues au plus, la fameuse aiguille de Cléopâtre piquée mélancoliquement dans un coin sur les quais comme un candélabre ; les musées, etc., enfin tout ce qui concerne une capitale qui se respecte.

La circulation de Londres, dans la cité, est considérable et peut être comparée au carrefour Montmartre aux heures d'écrasement. Somme toute, Londres est une ville immense surtout, grâce à ses petites maisons noires à deux étages qui s'alignent à perte de vue. Mais, malgré ses beaux monuments et ses trois millions d'habitants, une ville triste, je le maintiens. Cela tient à deux causes : d'abord, presque tous les employés de l'Etat ou du commerce demeurent en dehors, dans les faubourgs ; l'on vient pour ses affaires à Londres, l'on y lunche d'une façon quelconque, et sitôt le bureau fermé, à quatre heures, vite en chemin de fer pour les faubourgs, l'on n'y reste donc pas le soir. De plus, pas de cafés comme chez nous, pas de vie extérieure. Au lieu de cela, les fameuses petites maisons aux fenêtres fermées, sans boutiques, uniformes et s'allongeant tristement à l'infini. Voilà Londres, quand on est sorti des beaux quartiers, et ils ne sont pas nombreux.

Une grande propreté règne dans les hôtels et les soldats de la libre Angleterre sont toujours tirés à quatre épingles ; il faut les voir, un stick à la main, la petite calotte sur l'oreille, la raie tirée au cordeau et les accroche-cœur ramenés et collés aux tempes. Serrés et sanglés dans leurs casaques rouges, ils ne perdent pas un pouce de leur taille, l'air parfaitement... insignifiant du reste.

Certains quartiers de Londres sont infects, mais cela se trouve dans tous les grands centres.

Bref, je m'arrête, j'ai vu Londres en courant et mouillé par une petite pluie fine qui m'a toujours accompagné. Je craindrais en m'appesantissant d'avoir l'air de dénigrer une ville qui, après tout, est une grande capitale d'un grand peuple; je terminerai en disant que, comme ville européenne, si je ne connaissais Paris, je voudrais voir Londres.

Après deux jours de promenade, je prenais mon billet à Euston station pour Liverpool. Ici, il faut s'incliner, quelle différence entre les gares anglaises et les nôtres! Que de formalités simplifiées ! Vous arrivez avec vos bagages, vous prenez à l'heure qu'il vous plait votre ticket, vous mettez ou faites mettre les susdits bagages dans un compartiment qui accompagne le vagon que vous prenez et « al right » en avant à toute vapeur. A vous de vous débrouiller,; pas d'attentes interminables, pas de supplément à payer ni de visites. Les formalités sont réduites à payer votre billet, c'est la seule chose sérieuse pour les Anglais, le reste les intéresse peu et ils vous laissent libre.

J'arrivais à trois heures du matin à Liverpool et me faisais, moyennant deux schellings, transporter à l'hôtel du Pélican, le seul hôtel français de Liverpool et que je ne recommande pas, surtout si l'on voyage en famille avec femme et jeunes filles.

Liverpool, qui est la seconde ville de l'Angleterre, est très grande, mais peu mouvementée, excepté du côté du port.

A part le Palais de Justice, un palais des Beaux-Arts d'un goût douteux et trois ou quatre belles rues, rien de curieux : des bureaux, des bureaux et encore des bureaux. Toujours les mêmes petites maisons noires, basses et revêches comme à Londres et un brouillard ! un couteau ne suffirait pas à le couper. J'y arrivais au mois de juin. Eh bien, à 8 heures du matin on ne voyait pas d'un côté de la rue à l'autre. Le propriétaire de l'hôtel m'a assuré que c'était une des belles journées de l'année !

Le port, lui, est splendide, des milliers et des milliers de navires de toutes provenances s'entassent dans ses docks interminables. Une jetée admirable de plus d'une lieue de long, construite en fer et en bois, et mobile, c'est-à-dire s'abaissant ou s'élevant à la marée, permet aux piétons et aux voitures d'embarquer et de débarquer les marchandises directement des bateaux dans les vagons et dans les charrettes. Des produits de tous pays, des monceaux de chargements s'engouffrent dans cette multitude de navires qui se pressent le long des rives de la Mersey, qui est le fleuve ou plutôt l'estuaire de Liverpool, et dans ses nombreux bassins à flot. Cette agitation vous saisit, l'on se sent dans le premier port marchand du monde entier. De splendides transatlantiques chauffent prêts à partir pour les quatre points du globe ; les affaires se chiffrent tous les jours par millions. Aussi, Liverpool n'est pas un endroit propice pour le touriste peu fortuné.

Et pourtant, une des plaies de Liverpool, plaie hideuse, c'est l'extrême misère. Les grandes fortunes sont considérables, le commerce immense, le travail par conséquent facile à trouver, et la misère la plus sordide s'étale partout.

Dans les plus beaux quartiers, je ne dirai pas au soleil, car il n'y en a pas à Liverpool, mais en plein brouillard, des enfants, des jeunes filles, des femmes se promènent en haillons, jambes et bras nus, le reste du corps couvert de loques informes. Le soir venu, tout ce monde se fait mendiant et se grise avec du gin. Cette débauche engendre l'ivresse perpétuelle ; la paresse les conduit là. Nulle part au monde, l'ivrognerie n'a atteint de pareilles limites, et il est à craindre que ce mal ne soit incurable. Ainsi en plein hiver, la pitié vous fait prendre un de ces enfants, ses pieds sont roides de froid, vous le faites entrer chez un cordonnier et lui payez une paire de chaussures ? Vous êtes sûr que, deux heures après, votre nouveau protégé sera ivre-mort de tafia, qu'il se sera procuré en vendant ses souliers. Les Anglais, eux, passent à côté et entassent des millions à deux pas, chacun pour soi et hourra pour la vieille Angleterre !

Une de mes premières visites fut faite au consul de France, chargé de pourvoir à mon embarquement pour le Gabon.

J'appris là que je devais partir le lendemain à 7 heures du soir et me trouver, pour cela, à 4 heures, à bord du tender, ou petit vapeur qui devait me transporter, moi et mes bagages, à bord du *Kisemboo*, steamer chargé de mon transbordement.

J'avais près de deux jours devant moi, je m'en serais bien passé, car, à part le mouvement énorme des affaires, Liverpool offre peu d'attraits. Le soir, avec mes Américains, mes anciens compagnons de chemin de fer et quelques Français descendus à l'hôtel, nous arpentions les rues. Toujours des maisons fermées, pas de boutiques flamboyantes comme à Paris, deux ou trois établissements appelés cafés ou des bars-rooms, espèces de marchands de vins où les passants boivent le gin ou la bière sur le comptoir, des ivrognesses partout, une façon de café chantant, où 5 à 6 pseudo-Italiens raclent de la guitare et pincent de la harpe, c'est tout.

Il y a une chose dont on se souvient toujours de Liverpool ; c'est de la dépense. L'argent y roule avec une facilité inouïe. L'on ne parle que par millions, la monnaie anglaise, du reste, se prête à cette facilité : le schelling de 1.25 passe pour 1 franc, le pence ou 2 sous pour 5 centimes et l'on n'en parle même pas. La livre sterling de vingt-cinq francs est dépensée plus vite qu'une pièce de vingt francs en France. Avec mes faibles subventions, j'étais bien content de quitter ce pays des milliards.

A 4 heures, notre tender, sorte de bateaux qui font continuellement le service de transport des voyageurs, hommes et bêtes, bagages, etc., de Liverpool à Birkenhead, c'est-à-dire des deux rives de la Mersey, quittait la *pier* à laquelle il était amarré et nous amenait en une demi-heure

à bord de notre steamer, qui chauffait au milieu du fleuve ;
à 4 heures et demie, je montais à bord du *Kisemboo*.
Après les brusques salutations d'usage au commandant, je
m'occupe de l'embarquement de mes bagages et de mon
emménagement.

A 7 heures du soir, tout était prêt à bord, je terminais
mon installation, quand, à de certains mouvements, je
compris que nous quittions les côtes d'Angleterre.
Je fus immédiatement sur le pont ; la manœuvre était
très difficile, la nuit venait, la brume persistante, et des
navires de tous tonnages nous croisaient à chaque instant.
Le sifflet de vapeur marchait continuellement en signe
d'avertissement. Heureusement, le temps était superbe, à
part cette brume, pas de vent, pas de mer. Aussi longtemps
que je pus voir les côtes d'Europe, je restai sur le pont,
puis, fatigué, je descendis dans ma cabine où, grâce au
peu de roulis, je m'endormis profondément.

De bonne heure, le lendemain matin, j'étais sur le pont ;
plus une terre en vue, quelques voiles à l'horizon seulement. Les matelots lavaient le pont à grande eau ; force
me fut de redescendre au salon. J'étais tranquille et certain, si le temps se maintenait calme, de ne pas avoir le
mal de mer.

Le *Kisemboo* de la « British and African Steam Navigation Company » est un beau steamer de plus de 80 mètres
de long et jauge près de 2,500 tonneaux. Une bonne
machine, une dunette élevée, des cabines très confortables
au-dessous, voilà pour la partie matérielle.

Ce n'est pas ce que l'on est convenu de nommer un
grand transatlantique. Il prend peu de passagers et regorge de marchandises qu'il doit débarquer le long de la côte
d'Afrique. L'équipage se compose de quinze à vingt matelots
de différents grades, dix à douze chauffeurs et mécaniciens,
cinq officiers y compris le commandant, un docteur,
le commissaire et sept à huit cuisiniers, chefs et domestiques ou stewards. La vitesse est de neuf à dix nœuds à
l'heure, sans ses voiles. L'avant est consacré aux matelots ;

le centre, aux officiers, à la machine, aux passagers de deuxième classe ; l'arrière comprend la cabine du commandant, celle des ladies, les cabines de première classe et le salon, le tout suffisamment confortable. Au-dessous, deux ponts de marchandises. Il roule malheureusement facilement, et pour les rades foraines de la côte de Guinée, cela nous promet de bons mouvements.

Les matelots sont... des matelots, les chauffeurs et mécaniciens de bons chauffeurs, je l'espère du moins. Les officiers, commissaire et docteur, graves et ne parlant pas un mot de français. Le commandant, un gros, un énorme John Bull s'en tenant aussi mordicus à l'anglais. Trois passagers anglais dont une grande, longue et sèche Anglaise. J'aurai la ressource, ou d'apprendre l'anglais, ou de me raconter des histoires à moi-même.

Ma cabine, dans laquelle je suis seul, Dieu merci, contient deux couchettes, une façon de canapé, un lavabo et c'est tout.

L'on ne m'avait pas prévenu ; les malles sont descendues dans la cale ? je serais obligé bien sûr de retourner mes chemises et mes chaussettes quand le linge que j'ai sur moi sera sale ! Voilà ce que c'est que de débuter.

Nous partions avec un très bon temps, vent debout c'est vrai, ce qui nous empêchait de nous servir de notre voilure ; mais pas de mer et pour un débutant c'était heureux et rare dans ces parages, car le canal d'Irlande et le passage de la Manche jouissent d'une réputation pitoyable.

Le premier jour se passa pour moi à regarder ces différentes choses. De bon matin, j'étais levé, mais les matelots, à cette heure, avaient la rage du lavoir et le pont était inabordable. Voici comment je passais mes journées.

A 8 heures, je pouvais monter sur le pont lavé, frotté et briqué, je regardais les différents bateaux qui passaient à notre portée, et, dans cet endroit, ils fourmillent. A 9 heures, le breakfast ou déjeuner, à une heure le lunch ou goûter, et à 6 heures le souper. Dans l'intervalle, le café, le thé et biscuit de mer à discrétion. Promenade sur la dunette après dîner, entendre parler les Anglais, ne pas comprendre un mot de leur conversation et, de guerre lasse, redescendre dans ma cabine, penser au pays, rédiger ces notes et me coucher, voilà ma journée; elle me parut interminable.

L'air vif de la pleine mer me donnait un appétit du diable, et puisque, bien définitivement, je ne devais pas être malade, je me désennuyais en mangeant.

Les repas, jouant un grand rôle dans mes occupations journalières, méritent une mention spéciale, de plus, leur composition est assez bizarre.

Je m'empresse de reconnaître que le service était parfaitement fait, les stewards prévenants et polis, les cristaux étincelants et la vaisselle, un peu massive, mais d'assez bon goût Chaque plat arrivait recouvert d'un surtout argenté et après chaque service, les assiettes, couteaux, fourchettes prestement enlevés. Quant aux plats, c'est bien différent, jugez-en. Je prends un menu au hasard.

Comme soupe, des consommés, conservés en boîtes, aux rognons de mouton, ou contenant de petits ou de pieds de veau et le tout arrosé d'une sauce de haut goût. Le poisson magnifique, conservé dans la glace, mais nageant dans une purée rose impossible; le roastbeef, saluez! tout simplement délicieux, les poulets, canards, oies, dindes atrocement durs, plongés dans l'eau bouillante pour pouvoir être plumés et desséchés au four, une vraie profanation! Les légumes? des choux, des carottes cuits à l'eau, des petits pois durs comme des balles, puis du gigot également cuit à l'eau et sans ail! Oh! mes gigots de famille où étiez-vous? Du cornbeef, des langues salées, du riz au carri, une profusion de mets, mais le plus petit pot-au-feu aurait bien mieux fait mon affaire. Au dessert, du gingembre, des noix, les éternels puddings au vermicelle, à la gelée, à tout; de petits gâteaux qu'ils profanent du nom de gâteaux français, enfin les fruits fournis par la côte, bananes, oranges, ananas, pommes cannelles, avocats, etc.

En mangeant, l'on vous donne un petit morceau de pain

gros comme une noix ; les pommes de terre cuites à l'eau remplacent le pain à bord. Comme boisson, de la belle eau claire, pas de bière, la compagnie vous fournit le vin, mais à trois schellings la bouteille (3 fr. 75 c.) ; il est vrai qu'il est mauvais, cela vous console de n'en pas avoir. Il vous est loisible de demander du café très mal fait, ou du thé très fort.

Tout cela terminé, l'on dessert la table, et la nappe enlevée, l'on apporte du fromage de Chester délicieux, des oignons crus coupés en quatre, du sel et du biscuit ; ce qu'il y a de plus fort, c'est que mes Anglais, après avoir largement dîné, tombent sur ces mets insensés ; j'en étais épaté, comme l'on dit, je ne sais où. Et cela recommence trois fois par jour ! trois fois ! Une étude ethnographique sérieuse est à faire sur la conformation de l'estomac anglais.

Pour un novice en l'art de la navigation, avec ces mets échauffants et l'air vif et salé de la pleine mer, je recommande fortement le sel de magnésie aux débuts d'un voyage semblable, sans cela gare à la fièvre.

Le jour suivant, en allant comme Robinson à la découverte et me promenant sur le pont du bateau, je fis connaissance avec deux passagers français de seconde classe ; ils se rendaient, en qualité de chefs mécaniciens, à St-Pol de Loanda. Ce fut pour moi une heureuse rencontre ; au milieu de cet isolement des hommes et des choses, des idées tristes me venaient en foule. Nous avions dépassé la Manche, la pluie était revenue, partout le ciel noir, plus de voiles en vue, des pensées sombres me tourmentaient continuellement malgré moi, la nostalgie me gagnait, il était temps de pouvoir trouver une diversion.

Les jours s'écoulèrent un peu moins longs, l'on causait du pays, de ses espérances, l'on pensait déjà au retour ! Mes nouveaux amis se faisaient un plaisir de me fournir des détails sur l'aménagement d'un bateau, ayant déjà beaucoup navigué, ils avaient toujours une anecdote ou un renseignement sur les parages que nous traversions.

La Manche et l'île d'Ouessant doublées, nous avions à craindre le golfe de Gascogne, tombeau de tant de navires ! Des grains et des rafales nous assaillaient par moment, mais sans grosse mer. Les 17 et 18 juin se passèrent sans incident.

Toujours la promenade apéritive du matin, au déjeuner, de nouvelles surprises causées par notre maître coq : l'après-midi, j'essaye d'apprendre l'anglais (il faut bien s'y résoudre), ou je regarde, appuyé sur les bastingages, sauter les marsouins et l'on scrute l'horizon. Si l'on n'y prend garde, de temps en temps, une lame un peu plus forte se brise le long de notre bateau et retombe en nappe sur nous, ce sont les plaisirs du bord.

Malgré soi, dans la conversation, la question naufrage revient toujours sur le tapis, l'on suppute, d'après le vent et d'après l'état de la mer, les différentes chances que l'on a de boire un coup dans la grande tasse, comme disent les marins.

De temps en temps, je prends le docteur à partie, et j'essaye de lui faire comprendre le français, vains efforts ! De son côté, il cherche à m'initier aux douceurs de la langue de Shakspeare. Nous terminons toujours notre conversation par gestes ou en latin. Oh ! Virgile ! voile-toi la face ! Tous les jours je découvre quelque chose de nouveau : aujourd'hui ce sont les officiers subalternes qui, le soir venu, improvisent un petit concert ; l'un racle le violon, l'autre gratte une guitare nègre, le troisième joue, et très bien ma foi, de l'accordéon, nous reprenons tous en chœur, au refrain, et avec d'assez mauvais cigares, la soirée se passe tant bien que mal.

Le capitaine, quoique très gros, est presque invisible ; il n'apparaît qu'aux heures des repas, mais alors quel coup de fourchette ! On le voit aussi à midi faire son point ; je ne m'en plains pas.

La grande affaire, pour nous, comme nous naviguons en pleine mer depuis près de huit jours, est de savoir quand nous serons à Madère, nous avons soif de la terre, et toujours d'être à peu près renseignés par rapport aux orages qui peuvent nous assaillir d'ici là. A part cela, rien, rien ; je pioche mes circulaires et mes instructions d'un œil distrait et j'attends.

Le 19, toujours rien, la mer à l'infini ; des vagues et encore des vagues qui viennent se heurter le long de notre bord, le mouvement de tangage du navire d'avant en arrière, le sifflement uniforme dans les cordages, et le bruit régulier de la machine, cet infini et ce vide vous écrasent et vous prennent à la gorge, l'on en arrive à désirer un demi-orage. Le soir, le temps se rafraîchit, le vent devient plus fort, la mer embarque par les dalots et déferle même par-dessus bord. Ce mouvement de roulis produit un effet désastreux sur les passagers ; un à un ils descendent dans leurs cabines, la figure pâle. Il doit se passer là des scènes d'intérieur qu'il ne faut pas approfondir. Je reste ferme et bien portant avec mes deux braves amis les mécaniciens, un peu de mal de tête seulement, causé par le brusque changement de nourriture et par le sang qui, fouetté par le vent, afflue au cerveau.

Le capitaine se montre, mauvais signe ! il fait fermer les ouvertures et assujettir les différents objets qui pourraient être emportés par la lame, la mer devient de plus en plus mauvaise, il faut rentrer, car sur le pont l'on est trempé. Pour nous consoler, le capitaine nous fait comprendre que nous serons à Madère le samedi matin, nous ne sommes qu'au mercredi soir ! En allant nous coucher, nous nous serrons la main plus fort que d'habitude et je jette sur les hautes vagues noires qui nous entourent un coup d'œil inquiet.

Allons, ce ne sera pas pour cette fois. Tout s'est bien passé, à part différents objets mal consolidés, qui ont été emportés au large, pendant la nuit, comme des fétus de paille.

20 juin. — Nous devons arriver à Madère le lendemain, il est plus que temps que l'on ouvre la cale, pour que je puisse fouiller dans ma malle et changer de linge, mais

passons ce détail. Le samedi matin, 21, nous serons ancrés en face de Madère. La traversée aura donc été heureuse, à part cette bourrasque de la nuit passée, la mer aura été belle ; la mer, pour le moment, est d'un bleu intense et unie ; il fait un temps délicieux. Partis de Liverpool le 14, et arrivant à Madère le 21, cela nous fait une traversée de huit à neuf jours ; il est difficile de l'opérer dans de meilleures conditions. En vue de notre arrivée, tous les préparatifs se font à bord, l'on hisse les mâts de charge qui doivent servir à porter les marchandises, l'on graisse les diverses machines à vapeur du pont qui aident au transbordement des caisses, l'on monte ces caisses sur le pont. Les passagers écrivent lettres sur lettres, tout le monde pense alors à la patrie absente, aux siens, bien des larmes viennent mouiller le papier. Ces lettres font du bien, il semble que l'on soit moins seul et que ces missives servent de lien entre vous, les êtres qui vous sont chers et la mère patrie.

Les matelots, en vue des visites, frottent et lavent avec rage, ils préparent à l'avant une façon de bazar, composé d'objets divers qu'ils vendent aux naturels. Allons dormir, demain nous nous réveillerons à Madère.

21 juin. — A 5 heures du matin nous jetions l'ancre dans la petite baie de Funchal. Aussitôt, la santé, la douane et un perruquier, désiré comme le messie, montèrent à bord ; la vue de la terre nous réjouissait tous.

L'île se présente en forme de croissant, les deux cornes de ce croissant non habitées, et, au centre, la ville. Le terrain se compose de terre rougeâtre. L'île appartenant aux Portugais, l'on ne trouve pas une maison digne du nom de monument ou palais. Le fort est juché sur un rocher de forme pittoresque et séparé de la terre ferme, ce pauvre fort (Illhéo) s'en irait en miettes sous l'effet d'une bordée de canons de calibre médiocre. L'île est très élevée, et formée d'une suite de pitons qui s'étagent les uns sur les autres, les derniers ont leurs cimes continuellement dans les nuages et, du large, cela produit un curieux effet,

Nous descendons à terre en canot, car les gros bateaux

ne peuvent approcher, et nous allons visiter la ville principale, Funchal. Elle s'élève en amphithéâtre du pied de
la rive et s'échelonne en gais cottages et fraîches maisons
de campagne le long des coteaux, le coup d'œil est très
gracieux. A terre, ce n'est plus cela du tout, la maison du
gouverneur ou palais (?), insignifiante ; l'église, d'ancienne
date, plus curieuse ; la douane, grande construction jaune ;
deux promenades quelconques et un tas de petites rues
plus qu'étroites, voilà la ville. Quelques bazars où les
naturels vendent des objets tressés en paille et des bouquets
de fleurs, faits avec des plumes d'oiseaux.

C'est la campagne qu'il faut voir surtout. Sorti de la
ville, la partie de plaisir, et quel plaisir! de rigueur, est
une promenade à cheval à un ermitage, ou lieu de dévo-
tion qui se trouve perché sur un piton presque perpendiculaire. Nos petits chevaux montent cette pente rapide avec
facilité et sûreté. Pour redescendre, il serait imprudent de
le faire à cheval, je préfère piquer pédestrement une tan-
gente sur les villas voisines et c'est là et là seulement
que l'on comprend Madère; si on le désire, l'on peut redescendre en traîneau. Ces maisons de campagne sont habitées par de riches Européens qui viennent respirer l'air pur
et réparateur de cette contrée enchantée ; leurs jardins
sont ravissants. Les fle. — le tous pays y poussent, et les
fruits pendent aux arbres en toutes saisons.

L'île de Madère ne renferme guère que la ville de
Funchal et deux ou trois grands bourgs, un grand nombre
de villas. Quelques vignes par-ci par-là ; les fameuses
vignes de Madère, ses vins non moins fameux n'existent
plus qu'à l'état de souvenir (*in illo tempore*). Pour avoir du
vrai, mais là du vrai vieux madère, il faudrait mettre une
livre sterling par bouteille (25 fr.) à Madère même. Quant
à moi, je n'ai pas voulu y goûter, préférant boire du bon
petit vin rouge du pays qui ressemble un peu au porto, que
de donner dix à douze francs pour une bouteille fabriquée
à Cette ou à Lunel. Où sont les neiges d'antan ?

Français, mes bons amis, buvez notre vieux bourgogne,

et à ma santé, si vous voulez me faire plaisir, mais défiez-vous des madères naturels !

La population fixe de Madère est portugaise, à peu près, du moins ; le reste anglais, américain et français, mais l'on voit peu de pâles et blondes misses phtisiques, comme les romanciers se plaisent à le raconter. Cette population flottante est d'un bon produit pour le gouvernement portugais et les insulaires. Le seul commerce de l'île, à part le vin que l'on peut citer pour mémoire, consiste en céréales, fruits, légumes, bœufs et moutons. Toute la côte d'Afrique jusqu'à Gorée et même Lagos est approvisionnée de ces produits par Madère.

Le lendemain de notre arrivée était un dimanche, jour de repos pour tout bon Anglais, nous devions partir de Madère le samedi soir et être à Ténériffe le 22 au matin, je me promettais de voir les Espagnols dans leurs plus beaux atours ; il n'en fut rien. Notre steamer partit sous petite vapeur et se traîna toute la journée du dimanche en filant 4 à 6 nœuds à l'heure à peine.

A part les trois repas de rigueur dont ils ne perdirent pas une miette, nos Anglais passèrent ce dimanche à lire la Bible, occupation des plus respectables, mais qui nous faisait perdre vingt-quatre heures.

Un vent assez violent, venant d'Europe, nous prit le soir par le travers et força nos matelots à travailler, il faisait froid, mais très froid même, et nous étions à la hauteur du Maroc, tant il y a de différence entre la température du large et celle de la terre.

23 juin. — Ténériffe et son pic : l'île se présente comme Madère ; de hautes montagnes formant un cercle, au centre et au bas la ville principale, Sainte-Croix-de-Ténériffe. Ici, nous sommes en Espagne et non en Portugal, l'on s'en aperçoit tout de suite. Les rues de la ville sont plus larges, les maisons mieux construites, les habitants plus affables. L'on trouve de fort jolies promenades, mais la municipalité de Ténériffe ressemble à toutes les autres. Pendant que, chez nous, nous nous évertuons à faire pousser sur nos

places des palmiers chétifs et des plantes des pays chauds, ici, bien entendu, les arbres les plus rares sont ceux que l'on expédie d'Europe, et ils ont une bien piètre tournure, brûlés qu'ils sont par le soleil d'août des tropiques. *Vanitas vanitatum...* etc. Les rues sont larges, ai-je dit, mais pavées en petits cailloux en forme d'œuf et la partie la plus pointue en l'air, cela me rappelait Arles et je n'en étais pas plus satisfait.

Le gouvernement s'est livré et a exécuté des travaux d'appropriation considérables, une jetée permet de débarquer à terre directement, des églises assez belles, l'*alameda* ou la place de la « Constitucion » de rigueur, quelques cafés. La population de la ville de 8 à 12,000 âmes, au moins. Les femmes du port ressemblent aux Portugaises de Madère, c'est-à-dire qu'elles sont hâlées, mais pourtant mieux habillées, un jupon de couleur clair et un voile en tissu noir sur les cheveux, voile qui leur descend sur les épaules, une chemise dessous (je l'espère du moins), voilà leur costume, avec leur démarche, façon de *meneo* espagnol, cela forme un tout suffisant. Les dames ou senoras du pays sont des créatures splendides, au teint chaud et coloré, des yeux et des dents brillants comme le diamant, une taille petite mais parfaitement prise, des costumes semi-espagnols, semi-coloniaux, l'inséparable éventail à la main, et des mains et des pieds d'enfants, voilà les modèles que j'ai vus pendant que je visitais l'église principale et devant lesquels Gustave Doré se serait agenouillé. Que de figures éblouissantes j'aurais pu croquer avec son crayon, l'Espagne elle-même, terre classique de la beauté, ne possède pas de types aussi parfaits. Les hommes, petits, noirâtres, mal habillés servent de repoussoir. Il faut en excepter les officiers aux gracieux uniformes, la fine moustache cirée et en croc, la *papellito* à la main. Si ces dames ne sont pas cuirassées du triple airain dont parle... Horace, je crois ? je plains les pauvres maris.

Mais bah! nous sommes presque en Espagne et il faut bien faire vivre les marchands de guitares.

Quant au fameux pic de Ténériffe, il existe certainement,
on a dû le voir, puisqu'il a été mesuré ; moi je ne l'ai pas
vu. L'on m'a bien montré un nuage en me disant que, s'il
faisait clair, à la place dudit nuage, je verrais le pic ; mais
personne, personne ne l'avait encore vu ; et pourtant parmi
ces passagers ou matelots du bord, il se trouvait des
personnes qui passaient cinq à six fois par an et même
plus en vue de Ténériffe. N'allez pas croire que je nie
l'existence de ce pic, au moins ! mais que diable peut-il
bien faire derrière ce nuage, pour que personne ne puisse
le voir, excepté les savants qui l'ont mesuré ?

A 10 heures, nous quittions Ténériffe et à 3 heures
nous stoppions dans une autre des îles des Grandes Canaries, à Las Palmas. C'est une belle grande ville de 35 à
40,000 âmes ; mais nous étions ancrés sur une rade foraine,
la mer était très houleuse, deux ou trois barques, en venant
à notre bord pour décharger les marchandises, s'étaient
presque brisées contre nos bordages, cela me fit réfléchir
et regarder le paysage par le petit bout d'une longue
vue.

C'était du reste la même chose, au centre de l'île, une
anse, une suite de montagnes élevées et au pied, la ville ;
comme pour les sapeurs, quand l'on en a vu un, on les a
tous vus. C'était pourtant la dernière vraie ville européenne
que nous devions rencontrer ; après Ténériffe, Gorée, c'est-
à-dire l'Afrique véritable.

La mer était si houleuse que le travail de débarquement offrait de grandes difficultés ; le soir nous surprit,
sans que nous eussions pu terminer notre débarquement.
La nuit venue, quel ne fut pas notre étonnement
de voir des feux innombrables surgir le long de la
côte. Une idée me traversa l'esprit, les feux de la Saint-
Jean ! la Saint-Jean fêtée sur les côtes d'Afrique ! au
milieu de l'Océan, comme dans ma vieille Bretagne ! Les
Espagnols profondément religieux n'avaient garde d'ou-
blier cette coutume antique qui me faisait revoir par le
souvenir le pétillement des genêts de mon pays et les

amoureux sauter par-dessus les flammes joyeuses des ajoncs, afin d'assurer leur bonheur en ce monde, s'ils parvenaient à sauter assez haut pour ne pas atteindre les flammes.

Ce fut encore une bonne soirée. Le lendemain, dans la journée, le *Kisemboo* quittait les Grandes Canaries et s'enfonçait dans l'est, faisant vapeur sur Gorée, que nous devions trouver après trois jours de traversée.

25. — Rien.

26. — Journée encore plus longue, le soleil commence à darder sur nous des rayons brûlants, l'on se réfugie sous la tente. La mer nous fournit heureusement dans la soirée un spectacle de sa façon.

Depuis Ténériffe, l'on voyait de temps en temps s'élever des poissons volants, mais en petite quantité. Ce soir-là, tout à coup, le pont, les bastingages, la dunette, tout le bateau enfin fut couvert d'une nuée de poissons volants qui s'abattirent sur nous, l'on en prit plus de 150. Ces malheureuses bêtes étaient poursuivies par des thons ou par des bonites et croyaient trouver chez nous un refuge. En tombant dans la main des hommes, ils ne gagnaient pas au change, mais ils furent plus appréciés.

Pour ma part, je m'en régalai au déjeuner du lendemain.

Le poisson volant est à peu près aussi grand et a la même forme que notre maquereau, mais sa chair est plus blanche, plus fine et un peu sèche, pas d'arêtes. A la queue il possède deux nageoires et à la partie supérieure du corps deux ailerons très larges et membraneux. Au moyen de ces ailerons et tant qu'ils sont humides, il vole dans l'air comme un oiseau, l'espace de vingt à trente mètres, et de cette façon peut échapper à la dent de ses ennemis mortels, messieurs les thons. Je coupai ces nageoires, et après les avoir piquées sur une planche, comme nous faisions chez nous des chauves-souris, je pus les conserver sèches et intactes.

27. — Encore une journée d'ennui, demain nous serons à Gorée. L'après-midi, nous passâmes en vue du banc

d'Arguin, sur la côte du Sénégal, tristement célèbre par le naufrage de la *Méduse*.

Le capitaine de cet infortuné vaisseau, homme ignorant, ne voulut pas écouter les conseils de ses officiers qui voyaient la frégate courir à sa perte, sur le banc. L'accident eut lieu, le bateau toucha, et ce qui ne devait être qu'une perte de coque de navire, devint un naufrage épouvantable. Le désordre se mit dans l'équipage, l'on ne voulait plus écouter le commandant ; les chaloupes furent mises à l'eau immédiatement, le capitaine partit un des premiers de son bord, prit à la remorque un radeau construit à la hâte et contenant une partie des passagers, ne voulut pas aborder la côte qu'il croyait inhospitalière et chose inouïe ! coupa l'amarre qui retenait son canot au radeau, abandonnant ces malheureux en plein Océan, sans vivres : Alors eut lieu le grand désastre que l'on connaît. Les passagers de la *Méduse* se composaient d'employés de l'État qui se rendaient au Sénégal avec leurs femmes et leurs enfants. Mourant de faim, après s'être repus de leurs semblables, les derniers survivants des trois cents à quatre cents hommes, qui composaient l'équipage et les passagers, furent recueillis et ramenés en France, au nombre de quatorze !

Chose terrible à penser, en restant à bord, si la panique et l'indiscipline n'étaient pas arrivées par l'incurie du commandant, pas un n'eût péri. En 1858 encore, on voyait une partie de la coque et des mâts de ce bateau à marée basse ; lors de la catastrophe, il était à peine recouvert par les lames, cette panique, cause de tout le mal, est incompréhensible. Le capitaine, rentré tranquillement à Toulon, et qui devait être condamné comme assassin et fusillé, fut seulement dégradé, il osa se promener dans la ville avec sa honte et fui de tous les honnêtes gens.

28 juin. — Au matin, nous étions en vue de Gorée, cette fois, c'est bien l'Afrique. Une foule de noirs abordent notre steamer, hommes et femmes habillés de pagnes et d'une espèce de puncho mexicain, le tout en étoffes anglaises de

cotonnade. Le transbordement des marchandises se fait avec un bruit assourdissant. Des passagers noirs s'installent à bord comme passagers de pont et portent avec eux des bagages hétéroclites. De grands diables de nègres de l'intérieur vont au Dahomey et partent avec leurs armes de guerre, fusils de traite et longs sabres qu'ils ont fabriqués dans leurs pays.

Gorée, colonie française, se trouve sur un petit îlot de sable d'une demi-lieue de tour ; défendue par deux forts à ses extrémités, c'est un point militaire et de transit, et surtout d'entrepôt pour les arachides et les gommes. Pas un pouce de terrain n'est perdu, ce petit espace est complètement couvert de constructions. Deux ou trois palmiers, de l'eau saumâtre et des fièvres n'en font pas un lieu de délices. C'est un point important d'affaires, car tout le commerce qui se fait avec le Sénégal et le Soudan se sert de Gorée comme de magasin. Sur la terre ferme, l'on trouve deux autres centres de la colonie française, Dakar et Rufisque, où les transactions sont considérables. Les principaux objets d'exportation sont les arachides, l'huile de palme et les gommes, un peu de plumes d'autruche et des peaux.

Le soir même, nous arrivions à Sainte-Marie-de-Bathurst. Cette petite ville est située à trois ou quatre milles à l'embouchure du fleuve la Gambie. C'est une colonie anglaise, et la première que nous trouvions sur notre route, mais pas la dernière. Dans cette colonie, qui est anglaise par le gouvernement, l'on trouve plus de Français que d'Anglais ; toutes ou presque toutes les maisons de commerce sont françaises. Aussi, il est fortement question de céder ce territoire à la France, et, chose curieuse, ce sont nos compatriotes, qui, se trouvant mieux soutenus et défendus par les lois qui les gouvernent, demandent à ce que les choses restent en l'état actuel. Ce serait une mince acquisition ; on fait un peu de commerce par la Gambie avec le Sénégal et le centre du Soudan, mais Bathurst est bien l'endroit le plus malsain que je connaisse. Une langue de sable sur laquelle les Européens ont construit plusieurs magasins en bois, plusieurs bazars nègres, des cases, voilà le pays; derrière, des lagunes pestilentielles. Il faut que l'appât du gain soit bien ancré chez quelqu'un pour se résoudre à habiter un pareil trou; et avec cela chaud, mais chaud! Cet îlot n'est pas à plus d'un mètre cinquante au-dessus du niveau du fleuve; aussi dans les habitations les moustiques pullulent. Nous avons à bord, au milieu du fleuve, 40° à l'ombre; en remontant dans l'intérieur des terres, tout à fait à l'abri de la brise de la mer, l'on a jusqu'à 50° à l'ombre! Pourtant un assez grand nombre de bateaux passant à côté de nous remontent le fleuve, pour aller chercher des arachides. La Gambie est très large, c'est à peine si l'on voit les deux rives.

Nous y étions le dimanche, ce fut encore un jour de perdu que nous passâmes à nous rôtir littéralement. Il était temps de quitter cet endroit, où les fièvres déciment les équipages de bateaux de commerce.

A Bathurst, les nègres se ressentent de la domination anglaise. Sitôt arrivés dans une colonie, les Anglais ouvrent des écoles et forcent les enfants à apprendre leur langue, il faut, de plus, que les indigènes se plient à leurs coutumes. Aussi, au lieu de voir comme à Gorée des noirs à peine vêtus, ici hommes et femmes sont habillés mi-partie à l'européenne ou à l'africaine, des blouses, des pantalons de toile, des chapeaux de paille. La couleur locale y perd, mais les yeux des timides misses ne sont pas effarouchés.

30 juin. — Nous partons à 2 heures, notre pont littéralement couvert d'une foule de noirs qui vont à Sierra-Leone. Quel tohu-bohu! quels cris! Tout cela se tasse au soleil, près de la machine et le soir venu, ils font leur cuisine, à laquelle je me garde bien de toucher. C'est le capitaine qui n'est pas content de voir son bateau quasiment pris d'assaut, la manœuvre est plus difficile, il faut presque marcher sur ces corps qui couvrent le pont. En revanche, la compagnie sans doute et les matelots en sont enchantés.

1er juillet 1879.—Grâce à nos noirs passagers, la journée

passe un peu plus vite que d'habitude, mais quelle chaleur
ourde ! La nuit, je suis réveillé par les éclats de la foudre;
un orage appelé tornade dans ces parages, s'abat sur nous,
une vraie trombe d'eau nous inonde, nos pauvres passagers
cherchent partout des refuges. Leurs cris de terreur, les
éclats du tonnerre et les commandements se croisent. Je
ne suis pas très rassuré, et pourtant impossible de mettre
le nez hors de sa cabine. Heureusement ces tornades
durent peu de temps. Malheur aux bateaux de faible tonnage qui ont à les subir, leurs mâts craquent, leur pont
reçoit des paquets de mer énormes et ils se trouvent dans
le plus grand danger, tandis que quelquefois, hors du
centre de l'ouragan, à quelques mètres d'eux, la mer est
tranquille et le soleil brille. Ce sont des courants d'air
violents qui passent en brisant tout ce qui leur offre de la
résistance. Sitôt passés, la mer reprend sa tranquillité
première.

Le jour suivant, un brave homme de passager anglais
qui se rendait à Saint-Paul-de-Loanda pour y fonder une
factorerie, nous fit bien rire. Il réunit autour de sa cabine
plusieurs de nos amis les moricauds, et prit parmi ses
objets d'échange des jouets d'Europe et une petite machine
électrique, enfin une loupe de cristal. Les pantins amu-
sèrent beaucoup les nègres, ces grands enfants. La machine
électrique, lorsque l'on voulut les électriser, leur fit faire
les contorsions les plus drôles que l'on puisse voir. Quant
à la loupe, ils essayaient, quand ils se sentaient brûlés,
d'arrêter le feu qu'ils croyaient trouver dans le verre, et
n'osaient toucher à la lentille, qu'ils regardaient avec
crainte.

2 juillet. — Dans un jour, nous serons à Sierra-Leone,
nous sommes au 2 juillet, nous avons encore vingt-cinq jours
de traversée. Et Jules Verne dit que l'on peut faire le tour du
monde en quatre-vingts jours ! Pas à bord du *Kisemboo*,
toujours ! Pour un début, c'est un joli début.

3 juillet. — Après une nuit tranquille, nous voici à Sierra-
Leone. Ça a été une ville assez importante, mais qui tombe

en ruine. Colonie anglaise bien entendu. Centre du gouvernement, le commerce n'y est pas considérable, des maisons des cases, mais peu de factoreries. Le climat y est malsain, et excessivement chaud, des ondées et des coups de soleil. En me promenant à midi, au milieu de ce que l'on est convenu d'appeler ici des rues, sur un sol rouge, surchauffé, je croyais griller vivant. La végétation y est splendide. Notre vapeur s'y approvisionna de cocos, d'ananas, d'avocats, de bananes, de pommes cannelles; fruits délicieux.

En quittant Sierra-Leone, nous allions nous enfoncer dans les golfes de Benin et de Biafra jusqu'au Niger avant de piquer sur le sud et parcourir des pays assez sauvages.

Depuis Bathurst, du reste, nous vivons en plein pays de noirs. A Sierra-Leone l'on sent la main et l'œil du gouvernement : des écoles nombreuses apprennent l'anglais aux naturels, qui, au lieu d'aller vêtus seulement de leur innocence comme à Bathurst, sont ici, hommes et femmes, assez coquettement habillés. Un peignoir de couleur voyante, un châle en écharpe et un madras sur la tête leur composent un costume qui rend les négresses assez jolies. Quant à celles, qui, plus riches, s'habillent à l'européenne, de vraies caricatures ! Les hommes du peuple couverts d'un caleçon, d'une veste et d'un chapeau. La classe aisée, je parle des hommes, porte très correctement le vêtement européen coupé à la dernière mode et avec beaucoup d'aisance, ils ont ainsi très bonne façon et du reste ont tous reçu une bonne éducation. Nous prenons à bord, avec quelques Krowmanns, une famille noire comme passagers de 1re classe. Le mari est un parfait gentleman, chef d'un factorerie anglaise dans le haut Niger ; sa jeune femme vraiment charmante, et je trouve tout naturel maintenant, tant je suis habitué aux couleurs foncées, d'offrir aussi gracieusement que possible une tranche d'ananas à ma noire voisine, qui me remercie de son plus charmant sourire. C'est du reste ce que les brunes beautés ont de mieux dans la figure, des dents d'une blancheur éblouissante, et des gencives roses comme du corail. L'on se fait à tout !

4 juillet. – Nous laissons, après avoir quitté Sierra-Leone Monrovia. C'est la capitale de la République de Liberia. Cette République s'est formée avec des noirs, esclaves rendus à la liberté, et venus du Brésil et des États-Unis.

Ils se sont arrangés un petit gouvernement tranquille, un Sénat, un corps législatif, des lois sévères et font du commerce pour leur compte. Ce petit État est reconnu par l'Europe et prospère assez bien, grâce aux débouchés qu'il a trouvés pour ses cafés.

La mer est splendide depuis deux ou trois jours, d'un vert émeraude profond le long des côtes, le ciel limpide bleu intense, des couchers de soleil de toute beauté.

Ce spectacle n'a qu'un tort, c'est de durer douze heures par jour et le seul que l'on ait à se mettre sous la dent (je ne parle pas des gigots à la gelée de groseille du cuisinier). L'homme n'est jamais content.

5 juillet. — Grand-Bassa, petite ville de la République de Liberia, une suite fortement interrompue de maisons basses cachées dans les bois qui poussent touffus jusqu'au bord de la mer. Un peu de commerce d'huile de palme et surtout d'arachides avec des maisons anglaises et allemandes. Ce n'est pas un Eldorado.

6 juillet. — Sanos, nom biblique, Grand-Sestre, encore un joli port de mer ! Nous y prenons des Krowmanns.

7 juillet. — Cap Palmas, tous ces villages font partie de la République de Liberia. Notre steamer longe la côte d'Afrique à la raser; du bord nous ne perdons jamais la terre de vue, pas même la nuit, qui est très claire. Et pourtant la terre est ici très basse, ce ne sont que des plages de sable surmontées de palmiers. Peu de marchandises à débarquer, nous nous encombrons de Krowmanns.

Ces hommes, naturels des côtes de Krou, sont fort recherchés à bord des bâtiments et dans les factoreries.

Ce sont de solides gaillards, fortement musclés, travailleurs infatigables et sobres. Ils se reconnaissent à un tatouage bleu que hommes et femmes portent sur le front, sur le nez et sur les joues. On les engage pour deux ans, et ils rendent de grands services le long de la côte d'Afrique, où il est très difficile de trouver des travailleurs. Ils accostent notre bord au nombre de près de 200 et sont montés sur une vraie flottille de pirogues; arrivés le long de notre vapeur, ils se jettent à l'eau (sans crainte de mouiller leurs vêtements et pour cause) et grimpent comme des singes le long de notre coque en fer toujours chantants, un homme reste avec la pagaie à bord de la pirogue et la ramène à terre. Dans deux ans, le Krowmann reviendra au village avec quelques sous de côté et apportera ainsi un peu d'aisance dans le pays. C'est l'histoire de nos braves Auvergnats et *charbonniers* de Paris.

Nous nous enfonçons dans cet immense golfe, et tous les jours, il faut s'arrêter dans des endroits impossibles. Petit-Lahou, Grand-Lahou, et toujours mouiller sur rade, car il n'y a pas de fond, et la houle est très forte. C'est une bonne occasion, pour ceux qui y sont sujets, d'avoir le mal de mer. Je suis forcé de me livrer à une gymnastique à jet continu. Le bateau prenant continuellement des airs de plus en plus penchés, il faut s'incliner à droite en pliant la jambe droite; le bateau se relève, appuyer vivement à gauche et ployer la jambe gauche.

A Cap-Palmas, le paysage possède, comme fond de tableau, la carcasse en fer d'un grand bateau qui s'est perdu sur les rochers et qui reste échoué là depuis deux ou trois ans à 200 mètres de nous. Moi, je n'aime pas rester dans la chambre d'un mort la nuit, ce bateau naufragé m'agace.

8 juillet. — Grand-Bassam (pas Grand-Bassa), Assinie deux petites colonies françaises, toutes honteuses de se trouver au milieu de leurs grandes sœurs anglaises. Du reste, des colonies pour rire, le gouvernement les a abandonnées depuis 1871 et y maintient sa suprématie

pour la forme ; pas de droits de douane, pas d'impôts, les négociants ne se plaignent pas du départ des 20 à 30 tirailleurs sénégalais qui protégeaient la colonie.

Ici nous quittons le pays des Krowmanns, ici cesse le commerce des arachides et celui de l'huile de palme la tient (la palme !). Les naturels ne cultivent que l'arachide, s'en nourrissent et vendent le surplus. L'arachide est ce que l'on nomme vulgairement la pistache et sert à faire une huile qui est très recherchée en France, pour la saponification. Or, voici ce qui arrivait : les Krowmanns, plus rapaces que gouvernants, vendaient toutes leurs arachides et n'ayant plus rien à manger, périssaient par milliers. Pour arrêter la famine, le gouvernement de Liberia a été obligé de défendre l'exportation de cette graine. On commence des plantations d'arachides.

En quittant le pays des Krowmanns, ce qui n'est ni agréable ni fâcheux, l'on trouve la terrible barre de Guinée et cette rencontre fait toujours faire la grimace aux personnes qui sont forcées de débarquer dans ces parages.

La plage est très basse, les lames qui viennent du large sont arrêtées brusquement à leur base, leur sommet poussé violemment en avant par la force d'impulsion vient déferler en masse puissante sur la rive, il y a ainsi trois lames. L'on ne peut, bien entendu, débarquer dans ces parages qu'en pirogue, et malgré l'habileté des nègres, très souvent pour peu que la pirogue ne présente pas parfaitement son avant à la vague, elle est immédiatement renversée. Il faut alors se jeter à l'eau et être roulé parmi les cailloux. Ce qu'il y a de plus à craindre ce sont les requins qui pullulent dans ces endroits et viennent jusqu'à trois ou quatre mètres du bord. Chaque naufrage de pirogue cause la mort à un ou deux de ses rameurs qui sont aussitôt coupés en deux par les requins. A Grand-Bassam, un passager qui vient à notre bord est roulé deux fois par la lame avant de pouvoir atteindre notre vapeur, aucun accident n'a lieu heureusement ; il a avec lui une cage remplie de perroquets gris qui jurent comme des païens chaque fois que l'eau de mer les recouvre

9 juillet au matin. — Axim, petit point insignifiant.

Le soir, Cap-Coast, grande colonie anglaise, remplie de casernes et entourée de plusieurs forteresses parfaitement défendues. C'est un point d'attache et de ravitaillement pour les troupes anglaises disséminées le long de la côte d'Afrique; et lors de leur guerre avec les Achantis, c'était leur centre de concentration d'hommes et de munitions.

Le temps a changé, nous naviguons depuis deux jours trempés par des pluies diluviennes, la barre se fait sentir même à bord quand nous sommes à l'ancre, le bateau roule terriblement et tout cela nous fait perdre du temps. Les pirogues arrivent péniblement jusqu'à nous; pour les charger de tonneaux de marchandises, comme elles dansent sur la lame, il faut attendre, pour embarquer, qu'elles soient à la hauteur du sabord, tous mouvements longs et dangereux.

10-11 juillet. — Cap-Coast, Salt-Point.

12 juillet. — Accra, grande ville, mais grande ville nègre; elle possède plus de 25,000 habitants, tous noirs. C'est de là que partent tous les tonneliers, charpentiers, maçons, travailleurs d'objets en or, etc., qui se trouvent sur la côte. La ville est assez riche et fait suffisamment de commerce. C'est la seule ville nègre travailleuse que j'aie vue.

13 juillet. — Addah, Quittah, points insignifiants. Ici recommencent les possessions anglaises. Nos amis occupent tout le territoire depuis Axim, jusqu'à Little-Popo. Du reste, voici leur politique et ce qu'ils ont fait pour se rendre maîtres de tout ce pays : après avoir excité en sous main les différents chefs les uns contre les autres, ou les chefs de tribus contre les rois de Coumassie, du Dahomey ou d'Abeocutta, ils proposent aux plus faibles de leur venir en aide, et sous le fallacieux prétexte de leur venir en aide, leur volent tout simplement leurs pays, le tour est joué. Ils envoient de suite quatre soldats, un bateau, le pavillon, et voilà une colonie anglaise.

Le roi de Dahomey, tout-puissant qu'il soit, ne peut empêcher cet envahissement, il voit avec effroi ces conquêtes à jet continu des Anglais qui s'avancent vers lui par l'est et par l'ouest. Un seul moyen le sauverait, il faudrait pour cela que tous les chefs puissent se liguer contre l'ennemi commun, mais ils préfèrent se battre entre eux et s'affaiblissent ainsi. Pour contrebalancer l'influence anglaise, le roi de Dahomey vient de céder à la France le territoire fertile et commerçant de Kotonou près de Wydah. Avec Assinie et Grand-Bassam d'autre part, et pouvant occuper Petit-Popo, la France aurait ainsi une grande bande de terrain qui séparerait les établissements anglais, sa suprématie serait aussi solide sur la côte d'Or et la côte d'Ivoire que celle de l'Angleterre. Le fera-t-elle ? *That ist the question !* Moi, je ne le crois pas.

14. — Denon et différentes stations.

15. — Petit-Popo. Nous apprenons que depuis huit jours les requins ont mangé cinq noirs et deux blancs qui essayaient de passer la barre, et justement nous avons à mettre à terre le chef d'une factorerie française.

Nous le suivons des yeux avec inquiétude pendant la traversée ; la pirogue arrive heureusement à terre et tous avec joie, nous poussons un triple hourra ! Car ces monstres ne lâchent jamais leur proie.

16. — Grand-Popo à deux pas de Petit-Popo, ces pays sont libres et les droits de douane sont donnés par les factoreries françaises et anglaises aux chefs et aux rois. L'on ne sait malheureusement jamais ce que l'on aura à payer et ces malheureux commerçants sont à la merci de tous ces petits roitelets.

Wydah, factorerie française, le centre des comptoirs de la maison Régis, de Marseille, maison soixante fois millionnaire et qui possède des factoreries dans le monde entier.

Il ne faudrait pas se représenter ces points comme des villes ; à part Sierra-Leone, Cap-Coast et Lagos, le reste se compose de vingt à trente cases bâties sur le sable au bord de la mer. La plage est très basse, des cocotiers et des palmiers se voient d'abord, puis, à leurs pieds, les magasins des factoreries et les cases nègres, voilà la ville. Le tout entouré de clôtures contre les hommes et les animaux, un peu en arrière, après le rideau des cocotiers, des lagunes d'eau saumâtre, puis au loin, très loin, des montagnes ; c'est ainsi que se présente partout la côte d'Afrique, et il faut avoir un fier courage pour venir s'enfermer trois années dans ces cabanes ; les habitants y gagnent bien leur argent.

17 juillet. — Lagos. L'on croirait avoir devant soi une grande ville. La rade est très animée, elle est couverte de près de trente bateaux de toutes nations. Dans le fond, les maisons blanches se profilant sur le vert des arbres ; des vapeurs, des voiliers, sont arrivés en face de Lagos, de petits bateaux à voiles et une infinité de pirogues transportent les marchandises des steamers à terre, d'autres bateaux à vapeur servent à passer la barre de Lagos qui est très dangereuse. La rade est infestée par les requins et sans les vapeurs il serait très difficile d'aller à terre.

Lagos, toujours colonie anglaise, est le centre d'un grand commerce. La ville européenne se trouve dans une île à l'embouchure de la rivière, elle se compose de douze à quinze grandes factoreries, de maisons diverses pour le gouvernement, églises, écoles, casernes, etc., l'on y trouve même des hôtels et un assez grand nombre de magasins bien approvisionnés, ce qui est rare sur la côte d'Afrique. Enfin, de petites cases en planches et bambous qui abritent plus de 15,000 nègres de toutes professions. Malgré les bateaux à voile et les vapeurs, nous restons deux jours pour opérer notre déchargement, tant il y a de colis à débarquer.

Je n'aurais jamais cru que les flancs du *Kisemboo* pussent renfermer une aussi grande quantité de marchandises.

18. — En route pour Bonny, nous y serons le 19 ; laissons courir, comme disent les matelots.

19. — **Bonny.** Cette malheureuse station se trouve environ à une lieue et demie dans l'intérieur d'une des branches du Niger ; nous y sommes arrivés par une pluie équatoriale ou diluvienne (ce doit être la même chose), et ce temps ne contribue pas peu à nous faire trouver cet endroit pitoyable.

Imaginez-vous, au milieu de terrains glaiseux et puants, sur les berges du fleuve et à un mètre au-dessus de la vase, une vingtaine de maisons entourées de bois touffus, et, en face, servant d'habitations, de bureaux, cinq à huit pontons ancrés et d'un aspect misérable. Rien de triste comme cette vue. Ces pontons, vieux bateaux démâtés, couverts d'une toiture en zinc, suintant l'humidité et la moisissure, ont l'air de tombeaux.

Mais, en dehors du climat, le gain est sûr ; ces comptoirs servent d'entrepôt à toutes les marchandises qui viennent par le Niger du Soudan ; le personnel européen est renouvelé incessamment, mais les transactions continuent.

Nous accostâmes un de ces pontons avec la perspective agréable d'y rester attachés pendant plus de trois jours.

Dès que nous avions une éclaircie et c'était rare, la pluie étant persistante, nous allions en canot et descendions à ce que l'on est convenu d'appeler à terre, pour patauger dans la boue noire de Bonny, ce qui nous fatiguait vite. Cet endroit n'a pas peu servi à me faire trouver le voyage interminable. Les types divers de nègres qui venaient à bord avec leurs pirogues ont seul servi de diversion.

20. — Continuation du déchargement et de la pluie, et ils appellent cela une patrie ! comme dit le grognard de Charlet ! J'étais très envieux de voir le Niger, j'espère bien ne plus lui rendre visite dans ces conditions. Comme surcroît d'agrément, nous sommes à deux encâblures de terre et messieurs les moustiques profitent de l'occasion pour nous faire visite, et il y en a !

21. — Bâillements, ondées, promenades sur le pont, pataugement sur la terre à peu près ferme.

22. — En voilà bien d'une autre ! le *Kisemboo* s'arrête à

Bonny ! C'est son point terminus et ces sournois d'Anglais
ne nous avaient rien dit. Il nous faut attendre dans ce lieu
de délices l'arrivée du *Rocquelle*, autre vapeur de la même
Compagnie qui fait le sud.

Ce bateau arrive enfin dans la soirée, ce qui nous
laisse une perspective de deux jours de plus dans le Niger,
il faudra bien cela pour terminer le transbordement des
deux steamers. Nous n'en sortirons pas ! et toujours des
pluies et des moustiques.

23 juillet. — Continuation du transbordement. Le
Rocquelle, à bord duquel nous faisons porter nos malles,
est bien plus petit que le *Kisemboo* et moins bien aménagé.
Cependant, il m'offre deux avantages inappréciables : les
officiers parlent français, sont très polis et la cuisine est
mangeable. Adieu mes gigots à la sauce rose, dindes
bouillies et séchées. Je vais avoir des ragoûts et des sauces
civilisées : comme digestif, de l'eau, bien entendu.

Que Dieu vous préserve de voyages comme je viens de le
faire pendant trente-deux jours, à bord d'un steamer dont
l'état-major parle exclusivement l'anglais et possédant un
cuisinier non moins exclusif.

Les huit à dix jours que j'ai à passer à bord du *Rocquelle*
s'écouleront plus vite, je l'espère. Le soir, nous nous réu-
nissons tous, passagers et officiers. Le commissaire du bord,
jeune homme charmant, touche de l'orgue d'une façon
suffisante, le chef mécanicien est de première force sur le
violon. Les officiers dilettanti du *Kisemboo*, qui est toujours
amarré bord à bord avec nous, quittent leur bourru capitaine et aussitôt les échos du Niger retentissent de chants
patriotiques français et anglais ; et, en chœur, nous enle-
vons les morceaux les plus entraînants de la *Mère Angot*,
au grand ébahissement des riverains.

24. — Enfin ! nous partons aujourd'hui pour Fernando-
Po. Je commençais à désespérer. Il était temps, les fièvres
paludéennes s'étaient déclarées dans l'équipage.

Les rives du Niger sont très basses, le terrain gras et la
végétation exubérante, les terres coupées de marais, après

des pluies, des coups de soleil brûlants. Le soleil torride pompe les miasmes des marais et remplit l'air d'exhalaisons fétides ; les fièvres arrivent vite avec ces variations climatériques. Il serait impossible à un Européen d'habiter cet endroit du Niger, c'est ce qui fait que les factoreries n'y ont que leurs magasins, les commis couchant à bord des pontons.

Le 24 au soir, nous étions à Fernando-Po, mais il était 7 heures et je n'ai pu voir que quelques lumières scintiller au loin.

En revenant du Vieux-Calabar, nous nous y arrêterons plus longtemps, nous dit le commandant.

A minuit, nous partions et, le lendemain matin à 5 heures, notre navire était à l'embouchure du Vieux-Calabar, qui n'est qu'un bras de l'immense fleuve le Niger, je le crois du moins, car son point de jonction avec le Niger n'est pas connu ou, du moins, ne se trouve sur aucune carte.

Ici, nous sommes bien dédommagés de notre affreux séjour à Bonny. Quel coup d'œil splendide ! Le bras du Vieux-Calabar remonte vers le nord-ouest et nous côtoyons ses rives pendant plus de douze lieues dans les terres avant de trouver la ville. Jamais je n'avais rêvé spectacle aussi beau. Le fleuve, très large, est coupé d'une infinité de petites îles longues que l'on côtoie, elles sont très rapprochées ; notre voyage ou plutôt notre promenade se fait entre deux murailles de verdure de végétation tropicale.

Des bouquets de palmiers élèvent leurs tiges gracieuses au-dessus de fourrés d'arbrisseaux aux feuilles d'un vert éclatant et couverts de fleurs de toute beauté. Des lianes servent de pont d'un arbre à l'autre et dessous s'esbaudissent de petits singes agiles pendant que des perroquets caquettent dans les branches. Des palétuviers, des fougères arborescentes semblent sortir de l'eau.

De temps en temps, une échappée nous laisse voir dans le lointain des horizons bleus de hautes montagnes. Notre bateau qui, à cause des passes difficiles au milieu de ce dédale d'îles, marche à petite vapeur, semble couler sur un tapis de moire, tant le fleuve est tranquille, pas une ride, pas un bruit autre que le tic tac de la machine et les cris des oiseaux ; nous sommes sous le charme. Assis sur la dunette, il nous semble voir un décor féerique se dérouler à notre vue et changer d'aspect à chaque instant.

A un coude brusque du fleuve, qui s'infléchit à l'ouest, nous débouchons dans une crique charmante entourée de coteaux verdoyants : du pied de ces coteaux s'élève la ville nègre composée de près de six cents cases ; c'est le Vieux-Calabar. De beaux et grands arbres se profilent sur l'horizon et servent de fond à ce panorama. Nous méritions bien cette compensation après Bonny !

26. — Nous passons la journée à visiter le pays qui est excessivement curieux. Des paysagistes se pâmeraient d'aise devant ces échappées bleues, vertes et ce fouillis d'arbres. Cependant, comme toute médaille, celle-ci a son revers. Ces bouquets de bois de toutes essences cachent des fondrières dans lesquelles des régiments entiers s'engloutiraient : des caïmans énormes et des serpents monstrueux y grouillent. Si l'on essaye de s'enfoncer entre deux façons de sentiers, sous bois, la température y devient accablante et vous êtes littéralement mangé par les moustiques.

La ville, qui s'étage si pittoresquement sur le versant d'un coteau tout en fleurs, au milieu de bouquets de bananiers, de palmiers, etc., n'est formée que d'un nombre considérable de misérables cases nègres, moins la mission anglaise, la case du roi et l'église. Les rues sont étroites et infectes. Au centre des habitations, se vautrent tout nus les négrillons dans des immondices sans nom. Vous êtes suffoqué par l'odeur pestilentielle qui s'en dégage. Le jardin de la mission est un véritable Eden, il renferme toutes les espèces de plantes et de fleurs des cinq parties du monde. A côté d'un oranger où à toute époque de l'année vous pouvez vous rafraîchir avec ses pommes d'or, vous trouvez des cabosses de cacao, puis l'arbre à pain de Tahïti, des bananes. figues du Brésil, etc.

Ce pays est libre, et les différentes factoreries achètent directement aux princes du pays, auxquels ils donnent des redevances. Au moyen de leurs esclaves, ces rois noirs font cultiver la terre, très riche, et ils ont de belles plantations qui fournissent l'huile de palme.

Ces huiles, mises en ponchos ou petits barils, sont apportées à bord des navires de commerce dans de grandes pirogues, ancien style. A l'avant, se tiennent deux joueurs de tam-tam et de clochette. Une vingtaine de rameurs composent l'équipage et rien d'impressionnable comme l'effet produit par ces rameurs et ces musiciens quand, le soir venu, l'on entend leurs chants plaintifs se perdre dans l'obscurité du grand fleuve le Niger. Une partie des rameurs psalmodie l'air d'une voix de tête, le reste répond en mineur et les rames marquent la mesure.

Dimanche 27 juillet, nous quittons Vieux-Calabar en redescendant ce beau fleuve.

A l'embouchure, nous voyons dans le lointain le mont Cameron, dont le pic est très élevé.

Contre notre attente, nous ne repasserons pas à Fernando-Po, nous avons déjà trois jours de retard, il faut forcer de vapeur.

Après Vieux-Calabar, Fernando-Po abandonné, je n'avais plus qu'à attendre patiemment, c'était ma dernière étape avant le Gabon.

27-28 juillet. — Notre steamer file à toute vapeur en pleine mer et essaye de rattraper le temps perdu.

Allons, pour une dernière fois, dormir dans ma cabine sur ma petite couchette ; si rien de nouveau ne survient, je me réveillerai en vue des côtes du Gabon.

Parti de Liverpool le 14 juin et arrivant le 29 juillet, j'aurai passé quarante-cinq jours en mer. Les vapeurs qui partent de Bordeaux pour se rendre au Brésil font escale à Gorée et mettent environ douze jours pour accomplir ce trajet. De Gorée au Gabon, directement, le transport de l'Etat ne reste pas plus de quinze jours en mer. Le voyage s'effectue donc en trente jours au plus.

Pour revenir en France, j'espère bien user de cette combinaison ; mais, ma foi, maintenant que je suis arrivé au but, je ne suis pas fâché d'avoir vu en détail toute la côte d'Afrique.

Si je n'ai pas eu tout le temps voulu pour étudier à fond les mœurs des habitants, j'ai pu me rendre un compte à peu près exact du degré de prospérité de ces différents pays et assurer ceci :

Depuis Gorée jusqu'aux embouchures du Niger, la côte d'Afrique est entièrement occupée et c'est un marché perpétuel, l'on ne fait pas dix lieues sur le littoral sans rencontrer une factorerie et une goélette au large, en face ; les affaires s'y traitent par millions. L'intérieur de l'Afrique est encore à connaître, il n'en est pas de même des côtes. Dès que l'on trouve un fleuve, et il y en a beaucoup, les comptoirs s'établissent et remontent assez haut.

Les deux grands produits des golfes de Guinée (de Biafra et de Benin) sont l'huile de palme et les arachides. C'est par milliers de tonneaux que l'on expédie ces deux substances en Europe, où l'on s'en sert pour la fabrication de la stéarine, d'huiles, des cambouis et des savons surtout.

Malheureusement, les nègres qui sont les intermédiaires, c'est-à-dire les vendeurs, cultivent peu ; au lieu de grouper les espèces et de les multiplier, ils coupent l'arbre pour en retirer son produit, de sorte que, si l'on n'y apportait pas remède, cette source de fortune s'éteindrait.

Ce qu'il y a de pénible pour un Français qui parcourt cet immense territoire, c'est de voir que l'Angleterre a déjà accaparé presque tous les points, les meilleurs, et qu'elle y règne en maîtresse.

La France, qui a beaucoup de maisons éparpillées sur la côte, n'a pas de territoire complet à elle. Grand-Bassam, Assinie et Wydah sont abandonnés, il ne lui reste rien dans le golfe de Guinée, pas une ligne de vapeurs, pour faire concurrence aux Compagnies anglaises et allemandes, qui écoulent, comme ils l'entendent, par leurs vapeurs toutes leurs cotonnades et objets fabriqués. A part la République de Liberia, de petits points libres çà et là, toute la côte est occupée par l'Angleterre et militairement.

Les nègres, contre leurs produits, recherchent surtout des tissus, des armes de traite, de la poudre, des boissons alcooliques et de menus objets, tels que couteaux, vases, etc. Le tout, moins le tafia et le genièvre qui arrivent de Hambourg, est fabriqué en Angleterre.

Si la France, qui s'est laissé distancer encore ici par l'Angleterre, veut avoir sa part de ce magnifique gâteau, il est trop tard pour y fonder des colonies, tout est pris ; il lui faudrait multiplier à l'infini ses comptoirs, et créer au moins une ligne de bateaux à vapeur de fort tonnage, le fret serait assuré, la concurrence abaisserait les prix et l'on trouverait ainsi un débouché certain et dans de bonnes conditions pour nos produits. En l'état actuel, nos négociants, forcés qu'ils sont de payer très cher le transport de leurs marchandises (tout le commerce se fait par échange, jamais en numéraire), ne peuvent soutenir les prix de vente des Anglais, ce qui n'arriverait pas avec une concurrence française. Il est encore temps, mais bien juste temps !

29 juillet, à 6 heures du matin, après avoir dépassé Corisco, nous entrons dans l'estuaire du Gabon ; vous pensez si j'ouvre les yeux ! une dernière poignée de mains aux officiers du *Rocquelle* qui ont été charmants et sont de parfaits gentlemen, un bon « au revoir » à mes camarades et amis, les passagers français.

Les canots se détachent de terre et viennent me prendre, moi et mes bagages.

Je descendais au Gabon après deux mois de traversée et en bonne santé ; fasse le ciel, pour moi et les miens, que ce nouveau pays ne me soit pas funeste !

APERÇU SUR LE GABON

INTRODUCTION

Depuis la plus haute antiquité, les découvertes, puis l'établissement de colonies en Afrique, ont passionné les navigateurs, les explorateurs et les nations d'Europe.

Si l'on est arrivé, de nos jours, à connaître presque parfaitement les côtes d'Afrique et à peu près complètement l'intérieur de ce vaste continent ; si l'Europe, pour se créer des débouchés, a pu coloniser et établir des comptoirs sur toutes les côtes, ça n'a été que grâce au courage surhumain déployé par les explorateurs qui, presque tous, ont sacrifié leurs jours à cette grande œuvre, et il faut bien le dire, au puissant appui de ses troupes disciplinées.

La France, occupant une belle place parmi les puissances qui ont cru devoir coloniser en Afrique, et grand nombre de ses enfants figurant au martyrologue des explorateurs, il me semble bon, avant de m'occuper exclusivement du Gabon, de tracer à grands traits l'historique des premières découvertes des contrées qui entourent notre colonie, et spécialement le Sénégal, le Sahara et le Soudan.

Sans remonter à Hannon qui, dit-on, avait découvert et visité les côtes de Guinée et descendu jusqu'au Gabon, d'où ses marins étaient·revenus épouvantés par la vue des gorilles qui hantaient ces parages, l'on peut faire mention déjà, au quatorzième siècle, de l'Arabe. Ebn-Batuta, et de Léon l'Africain (seizième siècle) qui, en suivant le Niger, arriva à Tombouctou.

Puis, plus récemment, en 1788, Ledyard et Lucas, envoyés par des associations pour empêcher la traite des noirs ; inutile d'ajouter qu'ils ne réussirent pas dans leur tâche.

En 1791, le major anglais Hougton franchit le Sénégal, il est tué et son cadavre abandonné.

En 1795 et 1798, l'illustre Mungo Park, médecin écossais distingué, visite pendant son premier voyage la Gambie et le Kaarta, il est pillé et manque de mourir de soif, il visite les Foulahs, le Bambara et voit Sansandig.

Il effectue, de 1805 à 1822, un second voyage ; son objectif est Segou, après avoir traversé le Bambouk et le Foulalou, lui et sa suite arrivent à Bangary décimés et épuisés. A Sansandig, il essaye de construire une embarcation, puis l'on n'entend plus parler de lui. On envoie, en 1806, à sa recherche sir Maxwel. qui finit par trouver un des guides de Mungo Park et acquiert la certitude que ce grand explorateur a dû être tué en voulant s'échapper du Yaourie, où le roi le retenait prisonnier.

Ces découvertes jettent un premier jour sur les contrées qui s'étendent au sud du Sahara.

Ensuite, Horneman ; en 1805, l'Anglais Nicholls, l'Allemand Bœntgen, qui tente de se rendre de Mogador à Tombouctou, et est assassiné en 1809. L'Espagnol Badia, le Français Rouzée, tous jeunes gens plein d'ardeur et de courage.

En 1816, l'amirauté anglaise expédie de nouveau, à la recherche des restes de Mungo Park et de ses compagnons, d'abord, l'officier de marine Tuckey, qui meurt après avoir vu tous les siens périr. Le capitaine Paddie tente de traverser le Fouta-Djallon ; les grandes pluies l'épuisent et il meurt.

A la même époque, le Français Gaspard Mollien, un des survivants de la *Méduse*, plus heureux, réussit à visiter le Fouta.

Oudney, savant naturaliste, Clapperton, le major Denham continuent, vers 1822, le long martyre des explorateurs du Soudan, du Sahara et des contrées qui nous occupent.

Denham pénètre dans le Sahara par Fezzam et Moursouk, il visite le pays des Tibbous, le Bornou, presque toute la Nigritie, le roi El Kaneni (1823), puis Kouka. Oudney meurt en allant à Sokoto.

En 1825, Clapperton exécute un deuxième voyage, traverse le Niger et arrive à Kano avec Lander ; Clapperton meurt dans les bras de Lander, qui, lui, put revoir l'Angleterre. Nous arrivons enfin aux découvertes du Français René Caillé.

René Caillé, né dans les Deux-Sèvres, à Mauzé, avait beaucoup de goût pour les études géographiques ; il s'embarque sur un navire qui marchait de conserve avec la malheureuse frégate la *Méduse*. Il put débarquer à Saint-Louis et se rendre sur le Sénégal à Bakel.

Une maladie le force à rentrer en France en 1824. Le 19 avril 1827, il recommence un grand voyage ; se rend à Tiné, y gagne les fièvres ; malgré son état, il s'élève dans le nord, arrive à Jenné, sur le Niger, et s'embarque de là pour Tombouctou où il arrive le 20 avril 1827, reste quelque temps à Cabra, et enfin entre à Tombouctou.

Là, il apprend que cette ville mystérieuse avait déjà été visitée par le major Laing, venu de Tripoli par Ghadamès et le Touat ; ce malheureux, qui avait l'intention de se rendre aux établissements français par Jenné et Segou, fut étranglé dès que l'on apprit sa nationalité et sa religion.

René Caillé prépare son départ et, craignant de subir le même sort que le major Laing, se joint à une caravane qui se rend au Tafilet. La caravane se dirige vers El Arouan le 4 mai 1828, marche six jours, de Tombouctou à El Arouan ; Caillé part d'El Arouan le 19 mai et rentre en France en septembre 1828.

La France entière accueillait avec joie et fierté l'aventureux plébéien qui était parvenu, au prix de rudes efforts, à jeter la lumière sur tous ces pays, presque inconnus jusqu'alors.

Les frères Lander, en 1830 et 1832, nous firent connaître plus intimement, par leurs voyages, le Niger et les populations qui vivent sur ses bords ; ils moururent en 1834 à Fernando-Po, des suites de leurs blessures.

Le docteur Richardson, Overweg et Barth visitent d'abord
Ghadamès ; une expédition part de Tripoli le 25 mars 1850
et se dirige vers le Haoussa, puis ils se rendent à Moursouk et à Ghât ; Barth s'égare et est sur le point de mourir
de soif : il s'ouvre les veines, boit son sang et arrive épuisé
à l'oasis de Ghât ; il visite ensuite Aghadez ; Richardson
meurt à Zeider.

Barth recommence ses voyages ; le 2 avril 1851, il se rend
à Kouka et découvre le Bénoué ; il est rejoint par Overweg,
qui revenait du lac Tchad et alors ils exécutent une suite
de magnifiques excursions qui leur permettent de relever
et de dresser une carte exacte de l'Afrique comprise entre
la Méditerranée et le sixième parallèle nord et le quatrième
à seizième méridien de l'est de Paris.

Overweg mourut sur les bords du lac Tchad, et Barth
l'ensevelit près de la sépulture du jeune Tooli confié dans
cet endroit à la terre, vingt-neuf ans auparavant, par les
soins de Denham.

Barth reste seul ; à la fin de 1852, il se remet en route
pour Tombouctou ; il part de Vourno dans le Zanfara, visite
Sebba dans le Libtakou, continue vers le nord-ouest ; après
mille peines atteint Kabra, port de Tombouctou, et le 7 septembre 1853 il fait son entrée à Tombouctou, qu'il quitte
le 20 mars 1854, escorté par un chef et des cavaliers. Le
3 septembre 1854 il atteint Vourno où il rencontre le docteur
Vogel (qui devait être assassiné par le chef du Waday),
atteint Kouka en mai 1855 et débarque à Marseille le
8 septembre 1855 après une absence de six ans, de là se
rend à Hambourg, sa ville natale, où il apparaît comme
l'étoile la plus brillante de cette galerie d'honneur des
explorateurs du Sahara et du Soudan.

En 1861, Heuglin part à la recherche de Vogel.

Un Français qui a rendu également d'immenses services
et a facilité l'étude et la colonisation du Soudan par ses
nombreux voyages au sud de l'Algérie, c'est Henri Duvey-
rier.

Il part de Biskra avec une caravane, traverse Gabès, et

rentre à Biskra après avoir fait de nombreuses observa-
tions en longitude et latitude, et rassemblé les éléments
d'une carte excellente. A son deuxième voyage, il reçoit du
général Martimprey la mission de se rendre au milieu des
Touaregs et de faciliter nos relations avec le Soudan.

Il se rend d'El Oued à Rhadamès, essaye de pénétrer à
R'ât et à Insaleh en traversant le Sahara, et enfin de revenir à Tuggourt par El Goléah et Gardaia.

Nous arrivons ainsi d'étapes en étapes aux dernières
explorations. Qui n'a présent à la mémoire le récit
des conquêtes géographiques et territoriales du général
Faidherbe au Sénégal; celle de l'expédition tristement
célèbre de Flatters et des derniers pionniers de la civilisation dans le Haut-Sénégal et dans les Rivières du Sud !

Un des derniers voyageurs, bien connu, fut Paul
Soleillet. Parti de Dakar pour Saint-Louis en 1878, il
remonte le Sénégal, hiverne à Segou et fait son possible
pour descendre à Tombouctou, toujours le but envié! Le
17 avril 1878, il part de Saint-Louis, arrive à Bakel et se
met en relations avec Mamahdou; il arrive le 12 mai à
Bakel, puis le 29 juin à Rumiakavo, et enfin à Segou où
il s'abouche avec Tidiani qui pouvait lui ouvrir les portes
de Tombouctou.

Tous ces hardis ont déblayé le terrain, ont permis à la
France de s'étendre au sud de l'Algérie, à l'est du Sénégal
et d'établir, dans un avenir peut-être restreint, des relations
directes entre l'Algérie, le Sénégal, le Soudan et le Sahara.

Si nous portons nos regards vers le sud de ces contrées,
c'est-à-dire vers l'Equateur (et là, nous rentrons dans le
pays qui nous intéresse directement pour le moment),
nous trouvons le même courage et la même patience de la
part de ceux qui ont bien voulu faire le sacrifice de leur
vie en faveur de la science; de plus, l'on peut constater,
avec un certain orgueil, qu'ici presque tous les explorateurs sont français.

S'il n'y a pas de relations directes entre les habitants du
bassin du Niger et du Sahara avec ceux de l'Ogowé et du

Congo, la France, reliée presque au Sénégal par l'Algérie, pourra tendre la main à ses colonies du Gabon-Congo, par ses comptoirs des Rivières du Sud, Sénégal et ses postes échelonnés le long du golfe de Guinée.

Alors, sans en être la maîtresse absolue (il n'est pas toujours bon de vouloir être trop puissant), elle pourra se considérer comme la nation européenne la plus influente sur cet immense pays, et sa volonté pourra peser d'un grand poids dans la balance, quand des intérêts rivaux seront en jeu.

Les côtes de Guinée et le Gabon lui-même, comme je le disais plus haut, étaient déjà connus du temps des Romains; plus tard, de hardis navigateurs de Dunkerque établirent des comptoirs au sud du Sénégal et sur la côte de Guinée.

Nous ne possédons que très peu de relations anciennes et précises en ce qui concerne le Gabon.

Il faut arriver à MM. du Chaillu et Griffon du Bellay, médecin de la marine, pour trouver des récits complets et intéressants traitant de découvertes de ce pays.

Puis viennent, en 1872, MM. Marche et Compiègne qui s'étaient engagés, comme naturalistes et explorateurs, dans l'Ogowé.

Enfin, vinrent les deux véritables explorateurs qui firent connaître exactement la géographie du Gabon, du cours de l'Ogowé, et de tout ce vaste territoire, qu'ils conquirent véritablement à la France : MM. de Brazza et Ballay.

Dès 1875, ils commencèrent une série d'explorations et de conquêtes qui durèrent jusqu'en 1883. L'on peut suivre pas à pas, dans les relations décrites par eux, le récit détaillé de leurs peines, de leurs souffrances et enfin de leurs victoires.

Quant aux contrées du Congo qui limitent le Gabon au sud, les voyages récents de Stanley les ont fait connaître.

Cela dit, je puis raconter ce que j'ai vu du Gabon, comment j'ai trouvé cette colonie en 1879, détailler les costumes, mœurs, etc. de ses habitants, et enfin dire ce qui est son commerce et son avenir.

HISTORIQUE

En 1879, époque de mon arrivée au Gabon, les possessions françaises s'étendaient de la baie de Corisco au cap Sainte-Catherine, sur la côte ouest de l'Afrique équatoriale entre le 1° nord et le 2° sud.

En 1846, il n'y avait dans l'estuaire du Gabon que des constructions provisoires, entourées de quelques paillotes de noirs.

En 1850, les constructions de durée étaient presque achevées ; la France, par des traités passés avec les chefs riverains, prenait possession définitive du terrain et créait une nouvelle colonie.

La capture, en 1849, du brick négrier l'*Elizia* permettait de peupler, avec les noirs provenant de cette prise, le village naissant de Libreville.

Sous l'impulsion de l'amiral Bouët Willaumez, les travaux s'activaient, Libreville prenait tournure ; en 1851, les constructions étaient terminées, et étaient alors ce que je les retrouve en 1879 et laisserai en 1881 ! Faisant face à la mer, deux grands corps de bâtiment en pierre ; de chaque côté, sur le plateau, deux autres constructions également en pierre ; enfin, des magasins, un camp, un parc à charbon, en contre-bas, une poudrière, deux fortins garnis de canons.

Puis, des traitants s'établirent, le commerce s'étendit, de grandes maisons de France, d'Angleterre et de Hambourg vinrent et créèrent de vastes comptoirs, la colonie du Gabon était faite.

Nos possessions, qui se limitaient en 1845 à l'estuaire du Gabon, s'étendirent.

En 1879, Libreville était à peu près telle que l'amiral Willaumez l'avait créée ; quand l'on arrive du large, on trouve à l'entrée de l'estuaire la pointe Pongara, puis, s'enfonçant un peu, on mouille en face de Libreville. Les canots abordent facilement et on trouve une jetée en pierre qui vous permet de descendre à terre.

Pour arriver aux établissements qui se trouvent en face, sur un plateau d'environ vingt mètres d'altitude, on gravit une pente assez rapide et on se trouve en face de la capitale! Libreville, cinq maisons et quelques paillotes.

Mais le drapeau français flotte sur la maison du gouvernement, ce sont des mains françaises qui se tendent vers vous à votre arrivée, et cela fait plaisir après un voyage de cinquante jours passés à bord d'un bateau anglais.

A droite des constructions du gouvernement, divers établissements religieux; à gauche, de grandes cases de négociants; en arrière, le camp des laptots; et enfin, s'enfonçant et s'égrenant le long d'une magnifique avenue de cocotiers, des villages nègres.

Puis, parallèlement à la mer, une route qui mène à droite à la maison catholique, vaste établissement construit en forme de ferme modèle; plus loin, pittoresquement penché sur la mer et enfoui au milieu de toute la splendeur des plantes équatoriales, le grand village de Louis.

Si l'on veut continuer son chemin, partie à pied, partie en pirogue, on arrive à la baie de Corisco, où l'on trouve de nouvelles constructions françaises à l'embouchure de la rivière Mondah, mais pour cela, il faut traverser des villages de Gabonais à peine soumis à notre domination.

En revenant sur ses pas et prenant une autre direction, on trouve, en quittant Libreville, quantités de factoreries et de cases s'égrenant le long de la route; le village de Pyrrha et son pont; puis Glass, point central des grandes factoreries. C'est là que se fait tout le commerce d'exportation.

On peut enfin revenir à Libreville par une route très mal entretenue, mais bordée, dans une partie de son parcours, de magnifiques manguiers, et le long de laquelle s'élèvent la mission américaine et plus loin des villages noirs assez propres; et puis... c'est tout. En face, dans l'estuaire, le village de Denis, notre allié récalcitrant par moment, et son petit royaume.

En dehors de ces centres, groupés dans l'estuaire du Gabon autour de Libreville, la colonie contient encore plusieurs annexes des grandes factoreries disséminées le long de la côte : au Fernand-Vaz à Lamberéné dans l'Ogowé ; Angola, à la pointe du cap Lopez, à Mondah, dans la baie de Corisco ; et enfin plusieurs grands villages gabonais et pahouins dans l'intérieur des terres, mais plus spécialement le long des fleuves.

TOPOGRAPHIE, HYDROGRAPHIE ET OROGRAPHIE

Les possessions françaises au Gabon, en 1880, formaient un vaste triangle ayant pour base l'océan Atlantique du 2° nord au 2° sud de l'équateur, et comme sommet un point formé par l'intersection des côtés, se trouvant environ par 9° de latitude est de Paris.

Les côtes de l'Atlantique ne sont découpées que dans la baie de Corisco, point nord extrême, dans l'estuaire et au Fernand-Vaz, dans le sud, qui n'est qu'une grande lagune.

Les principaux fleuves du Gabon sont : au nord, la petite rivière Mondah ; puis dans l'estuaire le Como et le Remboé, qui prend sa source dans le sud de l'équateur, très proche de l'Ogowé. Enfin l'Ogowé, le plus grand fleuve de notre possession ; il se déverse dans l'Atlantique par un vaste delta, qui va du cap Lopez aux lagunes du Fernand-Vaz. Son parcours est d'environ 150 lieues terrestres, et il reçoit de nombreux affluents.

L'Ogowé est également alimenté par les eaux de trois grands lacs : les lacs Azingo, Zoningué et Anengué qui ne se trouvent pas très éloignés de son embouchure.

Le Gabon est assez pauvre en grandes montagnes ; sépa-

Place du Gouvernement à Libreville (Gabon).

rant les bassins du Remboé et de l'Ogowé, se trouvent les montagnes de Cristal et le long du fleuve l'Ogowé d'assez hautes collines. Quant aux abords, du côté de la mer, le pays est plat et marécageux.

SAISONS, TEMPÉRATURE, CLIMATOLOGIE

Il n'y a en réalité que deux saisons au Gabon : la saison sèche et la saison pluvieuse, qui coupent l'année en deux parties égales.

La saison sèche est la moins malsaine ; la température varie alors alors de 28° à 30° le jour, avec des brises assez fortes et de 24° à 26° la nuit ; le temps est couvert, sans orages, c'est la belle saison !

La saison pluvieuse est épouvantable, malsaine, et cause la mort de bien des Européens. La température oscille de 28° à 33° degrés et ne descend pas au-dessous de 28° la nuit. Au soleil, le thermomètre monte à 60°, et il suffit d'une minute de son contact direct pour entraîner la mort.

Des pluies diluviennes s'écroulent en torrents des journées et des semaines entières ; le tonnerre fait rage et s'abat souvent ; l'air est saturé d'humidité et d'électricité la respiration est haletante, la transpiration continuelle ; sans évaporation. L'anémie et les fièvres de toutes sortes arrivent vite dans un pareil milieu.

Puis, les cataractes du ciel se ferment petit à petit, les marais se dessèchent et n'en deviennent que plus pestilentiels, la saison sèche revient pour cinq à six mois.

Voilà, j'espère un joli paradis terrestre et bien choisi pour des Européens ! Les fièvres paludéennes y règnent à l'état endémique, surtout sur les côtes, car, en s'enfonçant dans l'intérieur, si l'on ne rencontre pas de contrées saines, l'on ne ressent pas aussi fortement les funestes effets de la fièvre causée par le dessèchement des marais.

Il faut encore signaler les ulcères. La moindre piqûre ou écorchure est suivie de pustules et d'ulcères très difficiles à guérir et qui entraînent souvent l'amputation du membre malade.

Les noirs, qui abandonnent volontiers aux blancs les fièvres de toutes couleurs (bien qu'ils en soient atteints aussi), ont ces maladies prédominantes, qui sont celles des voies respiratoires ; et enfin, la maladie étrange du sommeil.

On rencontre par moment des noirs qui s'endorment en marchant, en travaillant. Au bout de peu de temps, ils restent inertes dans un coin ; si on les force à se relever, ils retombent à l'instant endormis ; tous leurs actes s'effectuent dans un état de somnolence complet. Ils en sont vite réduits à un état de maigreur squelettique et meurent très vite.

Les maladies de peau sont également fréquentes ; beaucoup de noirs sont atteints du bokoué ; le pigment noir de leur peau s'en va par places et ils semblent, au bout d'un certain temps, tatoués de plaques blanches. L'éléphantiasis des membres inférieurs et du scrotum est fréquent au Gabon.

Enfin, une plaie, pas bien dangereuse, mais bien insupportable du pays, c'est la chique ; elle attaque aussi bien l'Européen que le Gabonais. La chique est une puce pénétrante microscopique, qui s'introduit sous l'épiderme, principalement dans le voisinage des orteils et du talon, sous la plante des pieds et même sous les ongles. Là, la femelle fécondée se creuse une loge dans l'épaisseur de la peau ; elle se gonfle et devient de la grosseur d'un petit pois de France.

On est averti de sa présence par des démangeaisons semblables à celles produites par les engelures ; il faut alors chercher l'insecte, l'enlever sans le déchirer, avec la pointe d'un canif, en ayant bien soin de ne laisser aucune larve dans la plaie, et se lotionner avec de la teinture d'iode ou de l'essence de térébenthine.

Les Gabonaises opèrent cette extraction au moyen de la pointe d'ivoire de leur tondo, avec beaucoup de dextérité. Comme elles sont toujours récompensées pécuniairement de leurs peines, elles appellent les chiques: des dix sous.

Une des causes principales du mauvais état de santé des Européens, au Gabon, c'est l'absence de bien-être et de confortable.

Depuis 1856, tous les rapports des officiers du génie détachés constatent que les routes sont mal entretenues, marécageuses, les constructions mal comprises ; l'eau rare et saumâtre; la viande fraîche de très mauvaise qualité, et la farine avariée ; aussi le Gabon a-t-il toujours passé pour le tombeau des Européens.

Les régions équatoriales exigent des constructions spéciales ; avant de bâtir, l'on doit étudier la direction des vents, la chaleur et l'humidité ; il faut une aération puissante ; il est impossible de rester plus d'une heure dans une chambre close.

ETHNOGRAPHIE

Les régions de l'Ogowé sont habitées par des peuplades très différentes.

Sur les côtes, aux environs de Libreville se trouvent les derniers Gabonais pur sang ; la débauche et la stérilité des femmes ont réduit à presque rien le nombre de ces plus anciens habitants qui appartiennent probablement à la race primitive autochtone.

Le Gabonais est assez robuste, intelligent et rusé ; il s'assimile très vite les inventions françaises ; bon nombre font le commerce dans le haut fleuve Ogowé pour le compte des factoreries ; les plus paresseux sont rois ou domestiques des blancs, indistinctement.

Puis viennent de nombreuses tribus sans caractère bien

précis qui vivent du produit de leur pêche et de leur chasse aux environs de Libreville et des factoreries européennes.

On rencontre surtout, et maintenant répandues sur tout le territoire du Gabon, les nombreuses tribus des Fans ou Pahouins.

Venus de l'intérieur de l'Afrique équatoriale, poussés par la faim, ils ont chassé devant eux jusqu'à la mer les premières peuplades gabonaises, puis rencontrant des terrains plus favorables, ils se sont arrêtés et ont vite noué des relations avec les Européens établis sur le parcours des fleuves.

La plus grande partie de la population du bassin de l'Ogowé est aujourd'hui composée de Pahouins. Le Gabon renferme d'autres tribus qui se subdivisent en : Bakalais, qui sont des chasseurs intrépides ; Batékés, Okandas, Ossiébas, Loangas, tous grands, bien taillés, vivant continuellement sur les fleuves dont ils sont les maîtres.

Les Adoumas, sur le haut fleuve, sont de taille moyenne, paresseux et lâches.

Enfin, l'on rencontre une race de véritables pygmées qui vivent dans les forêts et les broussailles, désignée sous le nom d'Okoas.

L'existence de ces pygmées avait été déjà signalée du temps d'Hérodote et passait pour une fable. C'est une réalité ; il m'est arrivé d'en rencontrer quelquefois sur les bords de l'Ogowé et dans un village de Gabonais, tout près de Libreville, vivaient une femme et un homme okoas qui servaient d'esclaves.

L'Okoa mesure à peine 1ᵐ 30 de hauteur, il est admirablement pris dans sa petite taille, les cheveux moins laineux que ceux des nègres proprement dits, la peau rouge brique, clair.

Ils vivent sur les bords de la Licona surtout, sans former de groupes compacts ; leur langue est absolument différente de toutes les autres langues africaines ; leur carac-

tère est doux ; ils sont très habiles et tuent des éléphants
avec leur lance ; mais très craintifs et défiants.

FLORE ET FAUNE

La flore de ces régions est extrêmement riche, ce ne sont
que forêts inextricables, lianes s'entre-croisant et formant
des ponts au-dessus des cours d'eaux par moments. Partout
un fouillis de plantes qui poussent jusqu'au bord de la mer,
et contiennent les essences d'arbres les plus précieuses.
Malheureusement, les voies de communication font défaut
et l'approche de ces arbres ou de ces lianes est très
difficile.

Parmi les plantes utiles que l'on rencontre fréquemment,
il faut citer : la liane à caoutchouc qui croît en abondance,
mais qui disparaîtra vite, si l'on n'apporte pas remède à la
méthode sauvage des Pahouins qui, au lieu de faire des
incisions le long de cette liane, la coupent pour recueillir
plus promptement son suc précieux.

L'inné dont la graine fournit une huile avec laquelle les
Pahouins empoisonnnent leurs flèches ; il n'y aurait que
demi-mal à voir cette espèce disparaître.

De grandes quantités d'ébénacés, principale ressource
pour l'exportation ; l'acoumé, arbre de très grande taille
qui sert à la construction de grandes pirogues qui peuvent
contenir jusqu'à cinquante personnes.

L'oba ; l'amande de son fruit broyée sert à fabriquer le
dika, assaisonnement indispensable à toute cuisine gabonaise.

Le santal rouge du Gabon qui croît en grande abondance ;
il est exporté sous le nom de bois rouge, comme bois de
teinture.

Toutes sortes de manioc, doux et ordinaire, dont la

racine, râpée, fermentée et desséchée pour en retirer les principes vénéneux, sert de comestible.

De grandes quantités de palmiers à huile.

La panthère se rencontre partout, j'en ai vu qui avaient même l'indiscrétion de se promener la nuit dans le jardin de Kérelé qui avoisine le gouvernement, et sous ses fenêtres il est assez facile de les tuer, heureusement, et de s'en faire de jolis tapis de lit pour le retour en France.

L'éléphant pullulait dans les forêts, la chasse acharnée faite à ce pachyderme en a diminué considérablement le nombre. Les fleuves hébergent quantité d'hippopotames et de caïmans.

Dans les bois, l'on rencontre en grand nombre des gazelles, des sangliers, le gorille, le chimpanzé, une grande variété de singes ; des boas énormes, puis, et jusque dans les maisons, la vipère cornue, le serpent noir dont la piqûre est mortelle.

Des fourmis noires, rouges, petites, grosses en variétés et légions innombrables.

Le pangolin, animal étrange à écailles.

En fait d'oiseaux : des pélicans, de charmants petits colibris, le foliotocolle qui est un bloc d'émeraude ; des perroquets gris à queue rouge, des perdrix, des pigeons verts et bleus.

Les insectes brillent également, hé'as ! par leur nombre et leur variété ; des nuées de moustiques, des légions de bêtes à mille pattes, des araignées et des scorpions gros comme le poing font pâlir le malheureux Européen qui se sent piqué, sucé et mangé vivant par toutes ces horribles bêtes.

Comme bien des contrées de l'Afrique, le Gabon est un beau pays de chasse.

Depuis l'éléphant et l'hippopotame, en passant par le gorille et le boa, jusqu'au plus petit oiseau, le chasseur peut se livrer à tous les exercices cynégétiques.

J'ai lu que, soit du côté du Darfour, soit dans les steppes qui entourent le désert du Kalahari, le chasseur arrivait pan, une balle, un lion mort ; il se retourne : pan, deuxième balle, un éléphant en capilotade !

Sans mettre en doute (par pure politesse) le dire de ces Nemrods surprenants, j'avoue que les chasses du Gabon ne sont pas aussi miraculeuses ; mais le plus exigeant peut s'en contenter, seulement il faut se garder des coups de soleil.

Comme gros gibier (si tant est que l'on puisse appeler ces pachydermes du gibier), l'on trouve, lorsque l'on s'enfonce dans les bois, les énormes éléphants, par bandes ou isolés, et fournissant, à part leur chair succulente, l'ivoire le plus estimé du monde.

Mais je ne conseille pas ce genre de sport aux chasseurs de la plaine Saint-Denis.

Les Pahouins et les tribus sauvages s'emparent des éléphants au moyen de pièges, les Européens ne se livrent pas à ce genre de chasse et ils font bien.

A part un Prussien riche, le baron de Coppenfeld qui vit au milieu des bois et qui a déjà été à moitié disloqué par l'étreinte des gorilles, les Européens ne chassent que le gibier proprement dit et le bœuf sauvage, de temps à autre.

Quant aux Pahouins, ils font un grand carnage d'éléphants, un moins grand d'hippopotames, et tout leur possible pour se rendre maîtres de gorilles adultes vivants, sans y réussir bien souvent.

Pendant mon séjour au Gabon, il ne m'est arrivé que deux fois de voir les Pahouins nous amener un éléphant et un gorille vivants, et encore ils étaient tout petits.

L'éléphant, lui, était jeune, avait 1 mètre de haut, et était très intelligent. Ce fut M. Schulze, négociant allemand, qui s'en rendit acquéreur et, après l'avoir apprivoisé, il l'envoya au muséum de Hambourg, où il doit faire maintenant les délices des braves bourgeois de cette ville.

Nous l'avons, ma foi, regretté, car il nous amusait au possible.

Presque tous les jours, à midi, au moment de notre

déjeuner, le petit éléphant se rendait à notre gamelle, et il n'y a pas de tours qu'il ne nous jouât pour s'emparer de notre pain, de notre viande, de nos plats.

Sitôt qu'il voyait un bon morceau, il s'approchait de l'un de nous, se tenait derrière, et nous poussait doucement ; notre premier mouvement était de tourner la tête : aussitôt, avec sa trompe, il s'emparait du morceau convoité, filait en roulant ses petits yeux remplis de malice, en remuant ses grandes oreilles.

Il était aussi impayable quand il jouait avec les deux grands lévriers danois de M. Schulze.

Quant au gorille, il eut une triste fin. Un négociant français, Sajoux, l'avait acheté 300 francs ; il était tout jeune (pas Sajoux, mais bien le gorille). Cet animal avait un regard réellement humain. Quand nous avions affaire chez ce négociant, nous prenions le soin de nous munir de pistaches et de bananes pour notre ami le gorille.

Nous le trouvions généralement accroupi dans un coin ; il venait souvent à nous ; sinon, nous allions lui offrir une banane qu'il prenait en nous regardant et ayant l'air de nous remercier.

Vêtu d'une culotte et d'un paletot en flanelle rouge, il avait l'air d'un pauvre petit vieux souffreteux. La dysenterie et, aussi, je crois, la nostalgie de ses grands bois l'emportèrent. Sajoux en fut pour ses 300 francs.

Je ne suis pas surpris que les musées européens offrent des 25,000 francs pour posséder un gorille vivant, mâle et adulte.

L'on a déjà bien du mal à les saisir, même dans leur pays, mais, privés de leur liberté, ils meurent de consomption.

Le plus beau spécimen de gorille que j'aie vu fut apporté par des Pahouins à un naturaliste qui se trouvait de passage à Libreville.

Pour s'en emparer, il avait fallu l'amarrer avec des chaînes en fer et le serrer fortement ; car, dès que ce gorille énorme pouvait faire un mouvement, les Pahouins, épouvantés, serraient les chaînes à lui briser les côtes : c'est ce qui arriva.

Le pauvre gorille, quand je le vis étendu dans une paillote, n'avait plus que le souffle. Toutes ses côtes, les os de ses bras et jambes étaient brisés.

Malgré cela, grâce à sa force herculéenne il rompait encore de ses mains, elles-mêmes brisées, des morceaux de bois gros comme un manche à balai qui se trouvaient à proximité de lui.

Il avait 1 m. 80 de haut, des bras très longs, des épaules et une poitrine très larges. Sa tête était énorme et hideuse avec ses dents canines faisant saillies ; son poil était noir.

Ce gorille mourut dans la nuit et fut disséqué le lendemain. Sa peau velue détachée, je croyais assister à une autopsie humaine.

Les belles chasses sont celles à la gazelle que l'on trouve à foison et que l'on paye 3 à 4 francs la pièce quand l'on ne veut pas se donner la peine de les tuer soi-même.

Puis, l'on rencontre en quantité de petits sangliers et de gros porcs-épics. L'on mange même du pangolin et, une fois, nous avons essayé de broyer un gigot de jeune tigre, mais en vain : comme gibier à plume, des bécasses, perdrix, petits oiseaux, perroquets jaunes ; sans compter la chasse aux oiseaux au plumage brillant, tels que les martins-pêcheurs, merles métalliques et l'incomparable foliotocolle.

J'ai parlé des bœufs sauvages ; ces ruminants se rencontrent par troupeaux dans les plaines du cap Lopez et, en face Libreville, sur le territoire de Denis.

Dans un pays aussi pauvre en viande de boucherie que le Gabon, puisque les bœufs importés de Mossamédès, de Saint-Paul et de Loanda sont immangeables, comme les poulets du cru, du reste ; que l'on trouve (grâce à la paresse des indigènes) peu de poissons et pas de légumes, l'appoint de la chair d'un bœuf sauvage est considéré comme une bonne aubaine.

Malheureusement, le climat et les difficultés ne se prêtent pas à l'attrait de cette chasse.

Pourtant, de temps en temps, l'on s'organise et l'on part en groupe à la conquête de cette toison qui, si elle n'est pas d'or, est au moins comestible.

Pour ma part, j'ai assisté à une de ces parties, qui a été des plus infructueuses. Il n'en est pas toujours de même, et j'ai apprécié, à différentes reprises, le goût savoureux de la chair de ces bœufs tués par des chasseurs plus heureux, ou plus sérieux que nous.

Quant à notre partie de chasse, ç'a été un fiasco complet ; les bœufs y ont mis toute la mauvaise volonté possible ; jugez-en :

Depuis quelque temps, Libreville était dans le marasme ; plus de navires de guerre étrangers sur rade, plus de changement ; la nostalgie noire nous prenait, les dimanches (ainsi que les jours de la semaine, du reste) étaient d'une longueur et d'une tristesse désespérantes ; il fallait réagir.

— Réagissons, nous dit un soir le commandant de l'aviso le *Marabout*. — Quoi faire ? — Organisons une chasse, une battue au bœuf sauvage ! — Va bien ; sitôt la chose résolue, nous dépêchons au gouverneur deux ou trois de nous lui expliquer que nos plaisirs étaient peu variés. C'était inutile, à qui le dites-vous ? aurait-il pu nous répondre.

Bref, permission sur toute la ligne. Nous étions autorisés, quelques officiers du stationnaire et quelques fonctionnaires, à nous absenter de Libreville pendant 48 heures et à nous rendre à bord du *Marabout* qui, lui, de son côté, recevait l'autorisation de se rendre à Denis, pendant le même laps de temps, en... mission diplomatique... Il faut bien que tout se passe administrativement !

Le lendemain soir, à 4 heures, nous voilà partis cinq à six officiers du stationnaire et moi, accompagnés par autant de sous-officiers laptots ou de la marine, réputés les meilleurs tireurs (je ne parle pas de moi) et reçus à bras ouverts par notre bon ami L..., commandant du *Marabout*.

Deux heures après, le *Marabout* ayant traversé à petite vapeur tout l'estuaire du Gabon, était ancré au pied du village de Denis.

Là, nous sommes obligés, à cause des marais, de nous faire transporter à terre à dos d'homme et nous montons, chassepot en bandoulière, le raidillon qui conduit au village de Denis. — Les bœufs n'ont qu'à bien se tenir !

Le brave roi Denis (mon ancien employé au Trésor), mais roi très légitime, sinon très chrétien, nous reçoit à la descente.

Nous nous étions approvisionnés largement de conserves et de vins, ainsi que de liqueurs pour le roi, ses ministres, et les dames de Denis. Le souper fut charmant.

A une heure du matin, le roi nous présenta à nos guides et rabatteurs, nous conduisit à sa pirogue royale et, après nous avoir vu embarquer, nous souhaita bonne chance et alla retrouver ses femmes et ses bouteilles.

Sa pirogue était d'une longueur démesurée, construite d'un seul tronc d'arbre, pouvait contenir (en se serrant bien) 60 personnes. — Pour le moment, nous, nos officiers, nos rabatteurs, guides et pagayeurs, nous nous trouvions environ de 30 à 35. Ce n'était pas trop, mais n'ayant pas l'habitude de ce véhicule royal, nous nous étions assis sur les plats-bords ; aussi, au premier coup de pagaie, les chasseurs de tribord s'inclinent sur ceux de bâbord, qui s'inclinent en arrière sur le fleuve sur lequel nous nous trouvions. Ce mouvement est suivi par la pirogue construite sans quille, et nous voilà tous à l'eau comme des grenouilles ; nos chassepots trempés.

Heureusement pour nous, ce beau mouvement avait lieu au débarcadère, sans cela, quelques mètres plus loin, nous étions tous happés par les caïmans qui foisonnent dans ces rivières. Sans parler des hippopotames, braves gens d'humeur plus tranquille.

Nous nous hissons de nouveau à bord et, sur l'invitation,

très sérieuse, du pagayeur chef, nous nous blottissons tous au fond de la pirogue, serrés comme des harengs, sans faire un mouvement, et conservons ainsi, stable, le centre de gravité de notre vaisseau royal.

Une grande, grande heure après, nous étions, pas en vue, car il était trois heures de la nuit, mais arrivés près d'une immense plaine à un endroit où notre fleuve formait un coude.

La pirogue pique sur terre et se tient immobile ; là, l'on nous invite à descendre. Oui, mais nous étions ankylosés ! cette station absolue nous avait paralysés. Enfin, tant bien que mal nous descendons et, aussitôt, nous nous livrons (en silence ! pour ne pas effaroucher les bœufs !) à des ébats désordonnés, pour nous dégourdir les jambes.

En avant ! nous débouchons dans la plaine ; çà et là des buées blanchâtres s'élèvent de terre. Ce sont les brumes des marécages où viennent s'abreuver nos biftecks rêvés. Nous nous séparons en trois bandes.

La première, les paresseux, n'avait qu'à marcher droit devant elle jusqu'aux marais ; la seconde devait longer la mer et rabattre les troupeaux sur lesdits marais ; la troisième, se diriger vers les bois et collines qui formaient le fond du tableau et arrêter par un feu vif et bien dirigé le restant des animaux qui ne seraient pas tombés sous nos balles.

C'était, je crois, joliment dessiné comme mouvement stratégique ! Fais ce que dois... etc ! Nous marchons, nous marchons ; rien, nous voilà le nez sur les marécages et c'est bien désagréable pour notre nez. Pas un bœuf, pas un sanglier, rien, rien !

Nous nous attendons à chaque minute à entendre des coups de fusil d'un autre côté et, le chassepot au poing (depuis trois heures, il commence à paraître lourd), nous nous préparons à recevoir par un feu de salve le premier animal qui s'aventurera de notre côté.

Calme complet ! loin, très loin de nous, dans les bois qui entourent notre plaine, nous saisissons bien des rauquements vagues, mais, autour de nous, du brouillard lourd et chaud et pas le moindre bruit.

Après une longue attente pénible et malsaine, l'aube paraît à l'horizon. Notre brouillard devient moins dense, il glisse sur la plaine comme des morceaux d'étoffes en loques et se dissipe peu à peu. Le soleil se montre, et nous nous retrouvons.

Quelle déception ! quelques-uns insinuent qu'ils ont aperçu des sangliers ; un guide rapporte, comme pièces à conviction des crottes fraîches de bœufs et de sangliers ; mais, le vrai, c'est que nous sommes (à ce que nous disent nos guides) arrivés trop tard, et que les bœufs, gazelles, sangliers, etc. s'étaient déjà abreuvés aux mares quand nous avons paru sur le champ qui devait être un champ de carnage. Mais, ajoutent les guides, nous pourrons revenir un autre jour, de meilleure heure ! et alors ! ! ! alors l'envie folle nous prend d'assommer un peu ces canailles de Gabonais qui se sont fichus de nous.

En agissant ainsi, ils comptaient avoir un second souper et pourboire !

Du diable, si l'on nous y reprend ! Nous voilà faits comme des sauvages, fatigués, couverts de la boue des marais et traînant piteusement nos chassepots.

Enfin, à sept heures et demie du matin, harassés, n'en pouvant plus, nous trouvions le *Marabout*, où nous recevait le commandant qui, lui, était frais et dispos.

Nous rentrions sales et piteux à Libreville sous le rire sarcastique du gouverneur et des malins qui y étaient restés, et auxquels nous. avions promis les morceaux les plus fins de notre chasse.

Il n'en est pas toujours ainsi : les bœufs ne sont pas un mythe.

Peu de temps auparavant, un médecin de notre marine avait reçu un coup de corne à une chasse faite dans cette même plaine et, cinq à six mois après ce récit, un lieutenant de vaisseau portugais était tué au cap Lopez, par une de ces bêtes furieuses.

J'aime encore mieux notre fiasco que ces preuves, *ad hominem*, de l'existence des bœufs sauvages du Gabon.

Puisque j'ai parlé chasses, dîners plantureux de chairs succulentes de bœufs sauvages vus en rêve, je vais épuiser la question vivres et victuailles au Gabon, pour l'Européen.

En deux mots, l'on y vit très mal, et la nourriture coûte très cher. Les bœufs, d'importation du Sénégal ou de Saint-Paul-de-Loanda, arrivent fatigués par quinze à vingt jours de traversée et dépérissent sitôt à terre.

Ils sont sucés par les tiques et ne présentent qu'une viande rouge, dure, détestable et sans un atome de graisse.

La moelle, elle-même, frit dans la poêle comme un bouchon.

De loin en loin, on peut se procurer un mouton, mais à grand'peine ; il ne s'en trouve pour ainsi dire pas, et ces animaux proviennent également d'importation.

Restent les porcs, poulets et canards.

Les porcs, mal ou plutôt pas du tout nourris, sont maigres au possible ; les poulets (appelés poulets maritimes) étiques.

Le poisson n'est pas mauvais, mais les Gabonais sont tellement paresseux, qu'ils ne pêchent pour ainsi dire pas et qu'en somme l'on a difficilement du poisson, ainsi que du gibier.

Quant aux légumes : zéro pendant neuf mois de l'année, et c'est une grande privation pour l'Européen, habitué au pot-au-feu. Du reste l'économie a besoin de légumes rafraîchissants.

Il y a bien un jardin qui donne pendant deux ou trois mois et à force de soins un peu de salade, des carottes grosses comme des fils et des choux assez beaux ; mais il est impossible de faire pousser ces légumes pendant les autres saisons.

Bref, l'on en est réduit aux conserves ; c'est cher, pas très bon, et très échauffant.

Nous recevions ainsi que les bâteaux de la station des provisions immenses de Roëdel, en andouillettes, cervela*, etc., etc. ; le moindre bifteck vrai, aurait bien mieux fait notre affaire.

Malgré tout, quand nous avions à recevoir l'état-major d'un navire de guerre étranger, nous envoyions, de force presque, des chasseurs et des pêcheurs à la recherche et le sieur Kimbibi, notre noir cuisinier en chef, nous préparait un festin convenable.

Les noms pompeux donnés aux plats relevaient encore la valeur des mets.

L'on voyait sur la carte :

> Poulets sautés, sauce Kringer (nom du village) !
> Antilope à la Kimbibi !
> Mulets gabonaise !

Au fond, c'étaient tout simplement d'affreux poulets maritimes sautés au beurre rance ; des cuissots d'antilope rôtis et délicieux et de mauvais poissons.

Il est bien regrettable qu'un négociant ou un roi gabonais n'aient jamais voulu se livrer à l'élevage sérieux des bestiaux.

L'on obtiendrait d'assez beaux produits et en tout cas comestibles. L'état de santé des Européens se ressentirait certainement d'une nourriture réconfortante.

Mais les essais n'ont jamais pu aboutir ; l'on a livré des petits bœufs et vaches aux chefs gabonais, ils n'ont eu rien de plus pressé que de les vendre ou manger. Quant aux négociants, ils préfèrent leur commerce d'ivoire ou de bois d'ébène.

D'ici bien longtemps encore, je le crains, les conserves et les poulets maritimes joueront un grand rôle sur les tables des officiers et fonctionnaires et cela au grand détriment de leur santé.

La question pain, si importante pour les Européens, est loin d'être également résolue au Gabon.

Les farines expédiées par la marine sont de bonne qualité, mais arrivent en très grande quantité, les magasins sont approvisionnés pour cinq à six mois et grâce à la température chaude et humide du pays qui fait éclore tous les insectes de la création, ces farines au bout de deux mois se trouvent saturées de charançons, de sorte que l'on ne mange, presque toute l'année, que du pain de charançons mêlés à des détritus de farine.

C'est peut-être fortifiant, mais en tout cas peu digestible et les estomacs fatigués par la quinine se remettent difficilement de cette alimentation.

Pendant que nous y sommes, épuisons la question nourriture, et parlons un peu de celle des indigènes.

Elle est peu compliquée et réduite à sa plus simple expression chez les peuplades du centre.

Les Gabonais se nourrissent d'une façon un peu plus relevée que les Pahouins et ont un semblant de cuisine. Le mets national, base de tout repas, et remplaçant notre pain, c'est le manioc. Mais ici, il n'est pas servi comme dans les Antilles.

Les Gabonais râpent les racines de manioc, qui atteignent des dimensions énormes parfois, puis en font une pâte qu'ils laissent fermenter légèrement. Cette pâte est roulée en bâton de 30 à 40 centimètres, enveloppée dans des feuilles de bananes et ces bâtons réunis par bottes de 5 à 6. C'est le pain quotidien qui se conserve ainsi 8 à 10 jours sans se moisir, et n'est pas trop désagréable.

Leurs fricots se composent de grosses bananes bouillies avec du porc et, pour cela, appelées bananes cochon.

Du poisson frais bouilli et saupoudré de dika. Le dika se fait avec l'amande d'une mangue spéciale ; cette amande est grillée, pilée et mise en bâtons, tout comme des bâtons de chocolat.

C'est le condiment recherché de tous les Gabonais. Pour relever leurs sauces, ou pour frire le poisson frais, ils se servent de l'huile de palme, pas toujours fraîche et qui possède alors un affreux goût de rance. Tandis que l'huile de palme très fraîche est agréable à l'œil avec sa belle couleur sauce tomate et pareillement au goût. Le piment, en énorme quantité, joue encore un grand rôle dans les sauces.

Si le poisson frais est recherché, le poisson fumé est encore plus estimé et, ma foi, avec raison. L'on se sert pour cela de gros poissons que l'on vide et ouvre en deux. Ces poissons sont ensuite déposés sur des claies renfermées dans une hutte de feuillage et fumigés sept à huit jours.

Des branches de plantes odoriférantes, faisant beaucoup de fumée, sont préférées pour la fumigation ; il faut avoir soin, en les arrosant au besoin, que la flamme ne prenne pas et, au bout de huit jours, l'on obtient des poissons d'un beau doré, bien fumés, se conservant très longtemps et d'un goût exquis.

Le Gabonais connaît à peine les légumes, si ce n'est les pistaches, giraumons, patates douces et maïs, encore moins le bœuf et le mouton et tue très rarement pour lui ses poulets et cochons ; il préfère vendre ces animaux au marché. Il se gorge de mangues pendant la saison et possède quelques arbres à pain.

Le riz, non plus, n'est pas connu au Gabon ; il est seulement importé par quelques maisons de commerce qui le donnent en ration à leurs Krowmanns.

Si nous nous enfonçons dans les terres ou, ce qui est plus facile, dans les fleuves ou rivières, l'on trouve des populations de plus en plus sauvages chez lesquelles la nourriture et surtout la cuisine se simplifient singulièrement.

Les Bakalais, Okandas, Gallois, etc., qui vivent sur les bords des fleuves, mangent encore du manioc, des poissons frais ou fumés et de temps en temps du poulet étique.

Quant aux Pahouins (à part leurs semblables dont ils se régalent pendant les grandes fêtes publiques), ils vivent de pistache, de poisson et du produit de leurs chasses modestement grillés et mangés presque crus à belles dents. De vrais sauvages ! La cuisinière bourgeoise leur est totalement inconnue.

La boisson favorite de toutes ces populations noires est l'alougou, alcool sous toutes ses formes : eau-de-vie falsifiée de Hambourg, genièvre, etc., et pour les dames, le gingerweine ou vin de gingembre (boisson fabriquée en

Europe, mais qui pourrait très bien se faire au Gabon où le gingembre abonde.

Tous leurs travaux, toutes leurs ventes tendent à se procurer de l'alougou. C'est incroyable ce qu'il s'en consomme pendant les nuits de danses d'Ivangas ou de réjouissances.

La bière et le vin sont bus par un petit nombre de Gabonais, traitants pour la plupart, et qui possèdent une légère teinte de civilisation.

En somme, la nourriture des Gabonais est saine et proprement apprêtée ; celle des Pahouins repose sur les heurs et malheurs de leur chasse et est préparée d'une façon grossière.

A part les liqueurs fortes, l'exportation des denrées alimentaires d'Europe est zéro, et il faudra encore bien du temps pour faire apprécier par les Pahouins les douceurs d'une terrine de foie gras truffé.

Les salaisons seules pourraient être demandées par les Gabonais qui eux vivent relativement mieux ; mais il sont en bien petit nombre.

HABITATIONS

Je ne parlerai plus des maisons construites pour les Européens qui habitent le plateau de Libreville ; au début de la colonisation, il fallait faire solide, et l'on a construit de grands cubes en pierres, chauds et difficilement ventilés.

Les négociants ont des cases mieux comprises, fortement élevées au-dessus du sol, sur pilotis, en bois et entourées des quatre côtés de varangues ou vérandas qui laissent circuler l'air, et recouvertes le moins possible en tôle.

Le Gabonais est propre, son habitation s'en ressent ; plus de ces cases puantes, pleines d'immondices et mal construites, comme on les voit au Sénégal et sur la côte de Guinée.

Les villages gabonais se composent d'un groupe de cases assez peu nombreuses ; les plus grands, tels que Louis, Denis, etc. en contiennent au plus cinquan'e.

L'on rencontre souvent, sur le bord de la mer, le long d'un sentier, et se faisant face l'une à l'autre, une réunion de quinze à vingt constructions basses en bambous : c'est un village gabonais.

Sur un sol bien battu, à l'abri autant que possible des inondations brusques et à proximité d'un ruisseau, l'on pique de gros pieux en bois formant un rectangle. Ces pieux sont reliés par une cloison faite en bambous coupés en deux et juxtaposés, percée de deux ou trois ouvertures pour la porte et de petites fenêtres ; le tout relié par des lianes et couvert également en bambous et de feuilles desséchées de bananiers coupées en forme d'ardoises.

Cette maison est séparée par des cloisons toujours en bambous, les volets et les portes en bois plein cadenacées au moyen de serrures primitives en bois.

A côté, une construction plus petite, mais édifiée semblablement et servant de cuisine. Enfin, un poulailler assez élevé pour mettre les volailles à l'abri des serpents et des panthères.

Tout cela, propre, la terre qui sert de plancher bien battue et balayée.

Comme mobilier, un lit en bois recouvert de plusieurs nattes et contenant des oreillers ou épondomas, une moustiquaire en tissus épais (ce qui fait que l'on se repose dans un lit gabonais avec une température minimum de 28 à 30°), des chaises taillées en plein bois et en forme d'escabeaux, des coffres et des ustensiles do cuisine indispensables, quelques fétiches dans les coins, voilà une maison gabonaise d'un bon bourgeois.

Il y a le plus et le moins : le moins, c'est une case tombant en ruines, hantée par des légions de rats et d'araignées , contenant dans un coin une paillasse de maïs et au centre un foyer mal odorant sur lequel l'on cuisine des mets étranges.

Le plus, ce sont les cases des chefs et des riches traitants, ressemblant assez aux maisons construites par les négociants européens, c'est-à-dire élevées sur pilotis, dressées sur un bon plancher, contenant plusieurs chambres propres et ornées parfois de meubles assez riches. Vous êtes tout surpris de trouver dans ces cases toutes les nécessités et commodités : des assiettes, des couverts, de bons fauteuils (rongés par les insectes, par exemple, et dont les naturels ne font jamais usage).

La nappe est mise sur une bonne table, un couvert complet, un lustre même, vous invitant à vous refaire : mais, tout est vide, et si l'on a la presque certitude, dans une partie de campagne, en demandant l'hospitalité à un roi (lisez petit chef) de trouver le couvert, il faut penser au vivre et l'apporter avec soi ; la desserte sera toujours bien venue par sa majesté.

Les villages pahouins sont tout autrement construits : généralement sur un endroit élevé, de façon à pouvoir découvrir l'ennemi de loin, à proximité d'un fleuve. Le village est entouré de murs et flanqué à l'entrée et à la sortie de solides constructions massives formant corps de garde et sur le sommet desquelles veillent continuellement des sentinelles armées de mauvais fusils ; l'abord n'en est donc pas facile. Autour, des champs de maïs, de patates, de manioc.

L'intérieur de ces cases est loin d'être aussi propre que celui des Gabonais. Au centre du village se trouve une grande place et sur cette place la maison du chef et des palabres.

COSTUMES

Nous retrouvons, pour les vêtements, la même différence entre les Pahouins et les Gabonais que celle qui existe pour les autres besoins de la vie.

En ce qui concerne le Pahouin, Bakalais, Benga, etc., le costume est réduit à sa plus grande simplicité ; les enfants sont complètement nus, les hommes ont un pagne très léger et très souvent rien du tout, les femmes un couvre-pudeur (?) fait de coquillages appelés cauris, reliés par des fils d'aloès.

J'ai voulu un jour acheter un costume complet de l'espèce, qui avait été porté par une beauté pahouine et non lavé, c'était à tomber asphyxié, quelque chose d'épouvantable !

D'autres portent un jupon fabriqué avec des feuilles tressées et tombant à mi-cuisses ; c'est encore assez distingué.

Les hommes, dans les grandes circonstances, ont un costume de combat fait de peaux d'animaux.

La coiffure des femmes pahouines est très curieuse : elles divisent leur épaisse chevelure crépue en une multitude de petites tresses au bout desquelles elles attachent des perles de verre ; de plus, elles plantent dans cette broussaille des plumes d'oiseaux, des verroteries au cou, aux bras, aux jambes et autour de la taille (l'on n'a jamais su pourquoi !) les voilà habillées.

Pour la Gabonaise, la question toilette est plus compliquée.

La Gabonaise est très propre, se lavant au moins une fois par jour tout le corps et prenant grand soin de sa personne. Si elle est mariée à un traitant, à un roi ou... provisoirement à un blanc, elle s'habille à l'européenne et ressemble alors à une vraie guenon. Celles qui ne veulent ou ne peuvent revêtir ces costumes se drapent dans un long pagne en couleur claire attaché à la ceinture, laissant les bras, les seins et tout le torse libre et à nu. Sous ce pagne drapé avec beaucoup d'élégance et dont un des bouts traîne à terre, elles ont un sini, petite pièce de calicot couvrant les reins.

Le pagne bleu indigo signifie deuil, il se porte très court avec les cheveux coupés ras.

La chevelure est l'objet de beaucoup de soins, une coiffure demande 4 à 5 heures pour être bien confectionnée ; c'est un assemblage de tresses reliées au moyen de petites ficelles et dans lesquelles l'on plante en arrière deux morceaux d'os ou ivoire pointus et sculptés appelés tondos.

Quant aux costumes des hommes, ils n'offrent rien de bien particulier ; les Gabonais sont revêtus de leur innocence dans les campagnes, couverts d'un pagne quelquefois, et à Libreville arborent le complet de la Belle Jardinière quand ils sont riches, ou un pantalon de toile et un tricot, s'ils sont moins fortunés.

Règle générale, les souliers, bottes, gants sont prohibés ; le chapeau et l'ombrelle, mystère ! très recherchés.

MŒURS ET COUTUMES — RELIGION

Si l'on admet que la société n'est formée que de conventions, ainsi que la morale et la question d'honneur, nous n'aurions rien à reprocher aux Gabonais qui se considèrent comme de très honnêtes gens.

Mais si nous comparons leur manière de vivre et de faire avec la nôtre, ils nous apparaissent comme les gens les plus immoraux du monde.

Le vol au pillage de tribu à tribu n'est pour eux qu'une question du plus adroit ou du plus brave.

Le mari, le frère, le père livrent leurs femmes, sœurs

ou filles sans vergogne, et se considèrent comme très honorés si un blanc ou un chef daigne accepter les faveurs d'une de leur proche parente.

L'esclavage paraît une chose tout à fait ordinaire et, pour un rien, un roi ou un chef un peu puissant doit pouvoir disposer de la vie de ses sujets.

Le Gabonais est assez intelligent, il comprend vite, mais l'on arrive également très vite au summum de ses facultés. Il est très peu perfectible.

L'existence des habitants du Gabon est assez paisible. Autant le Pahouin est guerrier ou travailleur, autant le Gabonais est paresseux et apathique. La vie de ce dernier se passe pour ainsi dire à ne rien faire, quelques-uns pêchent pour se procurer le strict nécessaire, d'autres se font domestiques, très peu ouvriers ; c'est la femme, ici comme dans presque toute l'Afrique, et encore la femme esclave, qui va aux champs, racle, apporte le bois et l'eau, fait la cuisine et s'occupe continuellement des soins du ménage. La Gabonaise trop fière pour travailler se promène d'un air majestueux pendant le jour, ou fait la sieste et attend le soir pour danser ou se livrer.

Quantités de femmes, auxquelles nous voulons faire un peu de morale, nous regardaient d'un air assez surpris et nous répondaient : Qu'étant créées *femmes* et n'étant pas esclaves, elles ne pouvaient pas refuser leur corps si quelqu'un le désirait, qu'elles n'étaient femmes que pour cela, et que..... c'était nous qui étions de drôles de corps en leur prêchant une morale..... que nous ne mettions pas toujours en action ; mais passons.

L'amour ou l'amitié, du reste, n'existent pas chez eux, si une femme se livre, c'est sans aucune passion, tout simplement, comme je le disais plus haut, parce qu'elle se considère créée seulement pour cet acte qui reste tout à fait passif de sa part.

Si vous vous trouvez dans un village, soit à la chasse, soit en promenade, le roi ou chef se fait un devoir de vous offrir l'hospitalité la plus complète, il met à votre disposi-

tion une chambre garnie : d'un lit très dur, d'une moustiquaire, d'une table recouverte d'assiettes, de verres et de
couverts (à vous par exemple d'apporter ce qu'il faut pour
remplir ces assiettes et ces verres), d'une natte, et enfin
de la huanto ou femme de rigueur. Quand, après avoir
assisté aux danses ou tam-tam, et que vous rentrez dans
votre case, à la lueur d'une torche, de résine qui jette sur
les murailles des clartés douteuses, vous apercevez, au pied
de votre lit, un grand fantôme couché et roulé dans un
pagne blanc, c'est votre femme qui attend immobile, sans
geste, sans une parole. Enfin, comme après tout, ces
femmes sont de belles créatures, bien découplées et solides
que vous sortez d'assister à un tam-tam qui ne vous a pas
mal fouetté le sang, vous vous couchez et faites un signe, la
femme se lève, le pagne tombe, mais vous n'avez possédé
qu'une statue ; au petit jour, la forme blanche, qui s'était
recouchée à vos pieds, a disparu, toujours muette et sans
bruit.

Inutile d'ajouter que le roi, mari ou frère auxquels
appartiennent la case et la femme prêtée, comptent sur
votre libéralité. Conventions, tout n'est que conventions !

Si vous vous rendez chez les peuplades fans ou pahouines, c'est une tout autre histoire, l'on ne badine pas ici
sur la question honneur, et l'on serait très mal venu de
conter fleurette aux brunes moitiés de ces braves sauvages.
Du reste, il faudrait avoir des mœurs bien dépravées ou un
fier besoin de flirter pour s'approcher des Pahouines ;
elles sont tout simplement hideuses, enduites d'huile de
palme, dans laquelle on a délayé de la terre rouge ou jaune,
elles empestent à une lieue à la ronde, leurs seins tom-
bants, le ventre ballonné, les jambes grêles n'en font pas
des Vénus noires, tant s'en faut.

Les danses sont bien curieuses, et Gabonais et surtout
Gabonaises s'y livrent tous les soirs avec furie.

Quand l'on passe la nuit à proximité d'un village, par
un beau clair de lune (autrement gare aux serpents, il
serait imprudent de se promener le soir dans les sentiers),

si l'on entend un bourdonnement et des cris aigus, l'on fera bien de s'approcher alors pour jouir du spectacle curieux d'un tam-tam m'polo, ou grande danse.

Sitôt que les habitants du plus petit hameau ont pu rassembler quelques sous pour payer les musiciens et de l'alougou (liqueurs, eau-de-vie, etc,), ils préparent un tam-tam.

L'aire qui se trouve au milieu du village est bien balayée et battue, des torches résineuses accrochées aux principales cases éclairent la place. A la nuit tombante, les musiciens arrivent, musiques et musiciens primitifs s'il en fût : un ou deux longs tambours de bois fermés de peaux et sur lesquels l'on frappe avec le poing ou les doigts, une ou deux caisses à vermout vides qui retentissent sous les baguettes, voilà l'orchestre.

Un homme saisit le tambour ou tam-tam entre ses jambes et frappe deux ou trois coups, un autre s'empare d'une boîte et la fait résonner, le mouvement s'accentue, il devient sonore et rythmique, s'il n'est pas mélodieux, des espèces de mélopées criardes accompagnent ces coups de tam-tam et de caisse.

A ces bruits l'on voit sortir de leurs cases une à une toutes les femmes du village, les vieillards, curieux, enfants assis par terre derrière les musiciens, les femmes ont le torse nu, un mouchoir de chaque main, pourquoi ? Elles se placent en face les musiciens, sur une seule ligne, au bout de peu de temps, elles reprennent en voix suraiguës les chants de l'orchestre et s'agitent sur place en frappant la terre du pied, le mouvement s'accentue, une femme s'élance dans l'espace libre, les tam tam font rage, la danseuse se démène comme un diable, le torse haut, immobile, les hanches, etc., la partie postérieure douée d'une mouvement de rotation impossible à décrire, les bras étendus faisant tourbillonner les mouchoirs.

Toutes les autres danseuses frappent alors leurs mains l'une contre l'autre, puis une seconde fait irruption dans l'arène, les contorsions s'accroissent et, au bout de peu de temps, l'on ne distingue plus que des bras en l'air, toujours des torses immobiles et des masses agitées d'un mouvement giratoire indescriptible. Et cela continue jusqu'au lendemain matin, jusqu'à l'épuisement des forces et surtout de l'alougou.

Il y a bien encore un autre genre de fête, qui se passe à l'abri des regards des Européens, loin (pas très loin pourtant) de Libreville, et dont les Pahouins seuls sont friands; je veux parler des repas de chair humaine.

A certaines époques de l'année, l'on fait des sacrifices humains; l'on immole des esclaves aux mânes des ancêtres et l'on s'en fait de savoureuses grillades. Les crânes accrochés aux arbres fétiches prouvent, lorsque l'on visite les villages du Remboé et du Como, que ces genres de repas sont encore assez communs. Pourtant, ce n'est plus l'ancien cannibalisme.

Le sauvage de l'Afrique centrale, manquant complètement de chair d'animaux, faisait la guerre à son voisin pour se procurer des prisonniers, c'est-à-dire de la nourriture. Il n'en est plus de même ; depuis qu'il trouve à se repaître des produits de sa chasse et de sa pêche, il a abandonné le gigot humain et ne se livre à cette mastication que pour perpétuer d'anciens souvenirs; c'est plutôt pour lui une fête religieuse, les vieillards seuls participent à ces agapes fraternelles.

La religion de ces peuplades sauvages est l'idolâtrie; ils ont des fétiches, dieux grossièrement sculptés dans des bûches de bois et des féticheurs ou sorciers qui sont tout-puissants dans l'intérieur des terres, mais auxquels l'on croit peu et dont l'on ne craint rien sur le littoral et à proximité des centres.

La mission catholique établie à Libreville fait des efforts surhumains pour amener au catholicisme d'une part, et à des idées plus saines de morale, ces peuples pourris. L'évêque qui habite le Congo depuis plus de trente ans et qui est un saint homme envoie des missions dans les points les plus reculés, il est lui-même toujours sur la brèche, et quoique on ne peut mieux secondé par son clergé et des religieuses qui viennent s'étioler dans ce pays perdu, il n'a pu conserver beaucoup d'illusions : il sait que les Gabonais ou peuplades fans sortis de ses mains et de ses écoles retournent à leurs vices et que le caractère sauvage reprend vite le dessus ; malgré cela, il persévère et continue de faire, quand même, plus que son devoir.

Heureusement, tant d'efforts n'ont pas été tout à fait perdus ou nuls; il est sorti de la mission, qui n'est qu'une immense, très belle et très bien comprise ferme-école, qui élève tous les ans plus de 150 petits noirs, quantité de bons ouvriers, des employés pour l'administration ou les factoreries et des jeunes gens qui possèdent des données suffisantes pour l'agriculture.

Ces ouvriers rendent de grands services, car, sans la mission, le service local et la marine seraient obligés d'en faire venir d'Europe ou du Sénégal.

Je ne parle pas des travailleurs manœuvres; tous sont des Krowmanns, les meilleurs et les plus infatigables de la côte d'Afrique.

Quant aux jeunes filles qui ont passé plusieurs années chez les bonnes sœurs, les résultats sont encore plus désastreux; pas une ne veut se livrer aux ouvrages de son sexe; elles repoussent la couture et pour rien au monde ne voudraient être cuisinières.

Le Gabonais est très peu guerrier, aussi possède-t-il peu d'armes; le Pahouin, obligé de se défendre des animaux sauvages qui l'entourent ou des peuplades ennemies, ne marche jamais sans ses armes.

Il a d'abord, et c'est son plus vif désir, un fusil de traite, puis de longs couteaux fabriqués par les forgerons du pays et renfermés dans des gaines de peaux tannées; des haches également de fabrique indigène, enfin des lances ou sagaies. L'on trouve aussi, mais très difficilement, des couteaux très larges, en forme de tête d'oiseaux et appelés couteaux des sacrifices : je ne sais si ces armes servent réellement pour immoler les esclaves.

ARMÉE ET ADMINISTRATION

L'armée n'est représentée au Gabon que par une simple compagnie de laptots. Ce sont des noirs du Sénégal que l'on engage, ils sont revêtus du costume des marins de l'Etat et commandés par des officiers de marine, un enseigne et un lieutenant de vaisseau..

Ils suffisent pour maintenir l'ordre et servent d'auxiliaires précieux aux canonnières, quand celles-ci vont en rivière ou dans le haut fleuve de l'Ogowé mettre à la raison les Gabonais révoltés.

La véritable défense du Gabon, qui n'a ni fort armé, ni garnison réelle, gît dans l'escadre.

Libreville est le point central de ravitaillement et d'administration de l'escadre de l'Atlantique Sud.

Cette escadre se compose : d'une frégate commandée par un contre-amiral, de deux croiseurs, d'un transport aviso, de plusieurs canonnières pour les fleuves, et enfin d'un ponton-hôpital qui reste ancré dans l'estuaire, en face de Libreville.

Quand la frégate amirale mouille sur rade, le contre-amiral commandant en chef l'Atlantique Sud prend de droit le commandement supérieur de la colonie.

Généralement, les croiseurs et le transport attendent, sur rade, le vaisseau amiral ; alors Libreville change complètement d'aspect. Un va-et-vient continuel s'établit entre les magasins et les navires en rade. La musique se rend le jeudi et le dimanche au jardin de Kérellé qui devient un lieu de rendez-vous.

Puis, les revues et approvisionnements terminés, l'escadre lève l'ancre et tout retombe dans le silence et le repos le plus complet.

L'administration qui reste à terre est réduite à sa plus

Une factorerie dans l'Ogowé (Gabon).

simple expression et suffit très bien à tous les besoins du service.

Elle se compose : d'un capitaine de frégate, commandant en second les possessions françaises du Gabon, de deux aides ou sous-commissaires chargés de l'ordonnancement des dépenses de l'État et de la colonie, de deux ou trois écrivains, d'un conducteur des travaux et du trésorier-payeur.

Le service médical est représenté par un ou deux médecins de la marine détachés du ponton-hôpital et venant matin et soir donner leurs soins à l'hôpital militaire.

La police est faite par un quartier-maître auquel on adjoint sept ou huit Gabonais.

La voirie, l'éclairage, l'instruction, l'entretien ne figurent même pas à l'état de projet. C'est, comme l'on voit, une colonie modèle au point de vue de la réduction des dépenses.

Les négociants payent de faibles patentes, pas d'impôt foncier ni mobilier, très peu de droits d'exportation, des droits d'importation assez faibles, et qui suffisent très largement pour assurer tous les besoins du service local.

Je parle de 1881, car depuis lors ! Que ces temps sont changés !!

COMMERCE. — AVENIR

La question commerciale, au point de vue de sa sécurité, est loin d'être aussi compliquée et aussi difficile que dans nos autres possessions africaines.

Nous opérons au milieu de populations qui, bien qu'en guerre continuelle entre elles, sont inoffensives, recherchent à se créer des débouchés et des relations avec l'Européen et n'opposent d'autre résistance que la paresse et le manque de besoin.

C'est au moyen de l'instruction en moralisant ces masses sauvages qu'on leur fera goûter les bienfaits et les joies de la civilisation, que l'on créera pour elles des besoins qui seront, pour les produits de l'Europe, une source incalculable d'exportation.

Dans les premiers temps de l'occupation, le commerce était presque exclusivement français ; quand un bâtiment entrait en rade, les naturels se rendaient en foule à bord et préféraient négocier avec nous. Autres temps ! autres mœurs !! Le commerce de détail seul est maintenant national ; aucun droit prohibitif ne frappe les marchandises étrangères. Le grand commerce est entre les mains d'Anglais et d'Allemands qui ont établi à Glass et dans les fleuves de vastes factoreries très coûteuses sans craindre ainsi aucune concurrence.

En 1854, le commerce d'exportation était réparti comme suit : ivoire 3,000 kilos ; bois de santal rouge 9,000 kilos ; ébène 3,000 kilos ; cire 3,300 kilos. Toutes ces marchandises étaient obtenues à bas prix au moyen des boucles d'oreilles, de fer plat, étoffes de traite, petites glaces, un peu de vin, liqueurs fortes (alougou) poudre et fusils de traite, valant bien 6 à 10 francs l'un dans l'autre pris à Liège.

L'ivoire, à ce moment, revenait à 2 fr. 50 le kilo (acheté en marchandises que le traitant cotait comme il l'entendait), c'est-à-dire, que pour un objet payé par lui, environ 1 fr. 25 en France, il avait un kilo d'ivoire. L'écart était considérable, mais les risques de même.

En 1856, l'exportation avait atteint de belles proportions : caoutchouc exporté, 13,000 kilos ; bois divers, 3,835,000 kilos ; ivoire, 6,300 kilos ; le tout coûtant ou revenant à 167,000 francs, et revendu en France 591,000 fr. Tous frais déduits, le bénéfice était assez joli, malgré le prix du fret, les pertes, etc.

En 1862 : ivoire, 4.000 kilos ; cire, 8,000 kilos ; caoutchouc, 25,000 kilos ; ébène, 1,000 tonneaux métriques ; bois rouge, 2,500 tonneaux.

A mon arrivée, en 1879, le commerce avait suivi une progression normale; l'ivoire devenait le premier article de traite, malheureusement les prix d'achat devenaient très élevés.

La cire, qui était au début un excellent produit, tendait à disparaître; il est à regretter que l'on ne fasse pas le nécessaire pour s'en procurer davantage.

Le caoutchouc devenait aussi un article d'échange très avantageux; le rendement était considérable.C'est certaine-une des principales ressources du pays et qui devra toujours enrichir le commerçant sage et intelligent.

Le bois d'ébène est très beau, malheureusement, il faut aller le chercher au loin, et le transport des bûches en pirogue, et le plus souvent à dos d'homme, devient très coûteux.

Le manque de route fait que cet article, qui devrait à lui seul faire la prospérité du pays, n'est pas d'un rapport excellent.

Le santal ou bois rouge est très abondant, il s'exporte comme fret, son prix de vente étant peu rémunérateur.

Le dika ou graine oléagineuse, très peu coté en France, ne se récolte que pour les besoins du pays.

La production d'arachides est insignifiante, elles sont consommées par les Gabonais.

L'on peut enfin noter l'expédition de quelques peaux, comme curiosité, de la gomme copal en petite quantité et c'est tout.

La production de l'huile de palme est insignifiante; cela est fâcheux. Les côtes et l'intérieur du Gabon regorgent de palmiers à huile (élaïs guinœsensis); la culture en est très facile et le rendement considérable.

A différentes reprises, la mission catholique et les commandants ont fait tous leurs efforts pour vaincre l'apathie des noirs et les pousser à la récolte de cette matière; jusqu'à présent, leurs efforts ont été vains, cela est regrettable, car, assurément, la fortune du pays, fortune facile à obtenir, gît dans la production du caoutchouc et de l'huile de palme.

Je dois encore citer, pour mémoire, la fabrication de l'eau-de-vie de mangues, obtenue à la mission par distillation de ces fruits que l'on recueille sans frais par monceaux et un essai de plantation de café de Liberia, tenté par la maison allemande Wœrman. L'on a été obligé d'abandonner cette culture; ou le terrain était mal choisi, ou il ne s'y prête pas; bref, les caféiers qui poussaient très bien au début ont rencontré un sol trop sec, les racines ont dépéri et l'on en est resté là.

Le commerce ne se fait pas au Gabon comme ailleurs ; les objets d'échange ne sont ni les monnaies d'or et d'argent, encore moins les traites.

Dans les rivières, vous ne pourriez vous procurer un œuf ou un poulet avec une pièce d'or; elle est inconnue. A Libreville seulement, et dans les factoreries l'on fait usage de monnaies françaises, anglaises et portugaises.

Dans les rivières, chez les Pahouins, vous ne pourriez troquer qu'au moyen d'échanges. Ils vous donnent leurs produits contre des fusils, coutellerie, liqueurs, poudre, etc.

Les traitants sont loin de se plaindre de cette manière de faire ; comme ce sont eux qui tarifient et les objets qu'ils présentent et ceux qu'ils achètent, ils gagnent deux fois.

Pourtant, grâce aux relations plus suivies des Pahouins avec l'administration, ces gens commencent à comprendre qu'ils sont souvent un peu trompés et... les bénéfices des commerçants diminuent.

L'autorité du Gabon a passé depuis 1845 par tant de mains, son action a été, il faut bien le reconnaître, si versatile, qu'elle a souvent combattu involontairement l'unité et la bonne volonté sans laquelle la prospérité de notre comptoir ne se développera jamais.

Il faudrait un remaniement complet dans l'administration : un gouverneur, militaire ou autre, qui serait choisi, et non pas un capitaine de frégate quelconque remplacé tous les deux ans ; que peut-on attendre, malgré toute sa bonne volonté, d'un administrateur de ce genre ?

Ainsi, le Gabon, colonie française depuis 1845, n'a ni route, ni moyen de transport, ni écoles !

Le gouverneur devrait être choisi et indépendant ; on lui ferait une belle situation qui devrait s'améliorer par période de deux ans de présence ; supprimer la subvention de 60,000 francs fournie par la France et dont l'on n'a que faire ; la remplacer par un crédit ouvert de 4 à 5 millions, que la colonie rembourserait par annuité.

Cela fait, attirer et faciliter le commerce français par tous les moyens possibles, créer des débouchés et des relations avec les peuples de l'intérieur, construire des entrepôts, ouvrir des routes en quantité, répandre l'instruction obligatoirement française ; créer de petits postes sur les rivières de l'estuaire et de l'Ogowé, les relier télégraphiquement avec Libreville, concéder des terrains et donner de fortes primes aux défricheurs : faciliter, par tous les moyens possibles, la production et la récolte du caoutchouc et de l'huile de palme, sources de la fortune du pays.

Sans délaisser les bois et l'ivoire, bien que ces produits s'épuisent et deviennent plus chers, l'avenir du Gabon, et un avenir brillant et prompt, si on le veut, gît dans la récolte du caoutchouc, et surtout dans la production de l'huile de palme.

Cette culture est facile, peu coûteuse, d'un rapport certain ; mais à condition d'avoir au préalable à son service des voies de transport. La France paraît du reste décidée à entrer, au moment où j'écris, dans une voie nouvelle : le sort du Gabon doit être remis entre les mains des deux hardis explorateurs qui ont donné ce pays à leur patrie ; ses intérêts seront bien défendus, l'on peut et l'on doit donc bien augurer de l'ère nouvelle qui se lève sur notre jeune colonie équatoriale.

DÉPART. — RETOUR PAR SAN TOMÉ ET LISBONNE

Depuis trois ans, je languissais au Gabon, j'étais épuisé et miné par les fièvres dont je n'avais pu me défaire. Tous les premiers bons camarades que j'avais trouvés ici à mon arrivée avaient rejoint la France ou étaient morts; les navires de guerre passaient, les états-majors se renouvelaient et je restais toujours seul à terre; aussi avec quelle joie j'appris ma nomination de Trésorier au Sénégal et mon retour en France !

Malgré la perspective d'aller rôtir dans ce joli pays, je ne voyais pour le moment que ceci : j'avais droit à six mois de congé, et j'allais partir pour France ! Mon successeur arrivait le 6 avril et le 19 au matin je disais adieu à tous mes bons amis et camarades, je serrais une dernière fois la main à pas mal de braves Gabonais, qui me regrettaient, m'assuraient-ils.

J'étais résolu à ne pas m'en retourner par la voie anglaise et à prendre le paquebot portugais; le commandant avait été assez aimable pour mettre à ma disposition un cotre de l'Etat, qui devait me conduire à San Tomé, où je trouverais le susdit paquebot.

Notre cotre est assez petit, l'équipage se compose : du capitaine, un premier maître, deux quartiers-maîtres, et huit matelots. La cabine à deux lits du capitaine m'est généreusement abandonnée. Nous avons comme passagers deux pauvres diables d'Italiens que l'on rapatrie à San Tomé gratuitement.

La galanterie française nous force à offrir une des couchettes de la cabine à la malheureuse femme de l'Italien qui a le mal de mer, et qui de plus est sale et peu inodore. Après trois jours de traversée assez mauvaise, gros temps et tornades, et même forcé de passer une nuit à la cape,

nous arrivons en vue de San Tomé. Mon brave capitaine,
content d'avoir à sa table un passager de l'Etat du grade
d'officier (ce qui lui fournit 6 fr. 66 par jour de frais de
route) me traite du mieux qu'il le peut et est pour moi
plein de prévenances.

San Tomé (Saint-Thomas) est une île qui se trouve à
70 milles environ au large du Gabon et par le même travers,
c'est-à-dire par 0° sous l'équateur. C'est une vieille colonie
portugaise, assez grande, 25 milles de long environ, et
encore assez productive.

L'on voit de très loin son pic, par beau temps on peut le
découvrir à 30 milles du large, ce qui facilite beaucoup le
voyage. L'arrivée, pour quelqu'un comme moi, qui vient
de passer trois ans dans un pays où il n'y a pas six vraies
maisons, charme la vue.

Partout de la verdure, le soleil est prêt de se coucher et
les pics de l'île se détachent magnifiquement en noir sur
le fond d'or du ciel au soleil couchant. Arrivé droit au milieu
de l'île notre petit cotre fait son abatée, tourne à droite, puis
entre en longeant la terre de très près dans un petit havre
qui forme un demi-cercle au pied des collines ; là se trouve
la ville qui apparaît brusquement à nos regards.

La ville de San Tomé, pour une ville de colonie de côte
d'Afrique est assez grande, et de loin, fait assez bon effet.
A moi, elle me parut énorme, depuis si longtemps je n'avais
vu des maisons groupées.

Ces maisons nichées au milieu de bananiers et cocotiers,
ces églises élevant leurs clochers, le fort, le mouvement,
le soir les lumières dessinant en traits de feu ces rues et
ces quais, tout cela me prouvait que j'avais quitté l'Afrique
sauvage et que j'étais bien en route pour des pays plus
civilisés.

Le lendemain matin, au petit jour, après les visites indispensables de la douane et de la santé, nous armions le
canot et descendions à terre. Je m'en doutais bien, quelle
désillusion ! des maisons en ruine, aux planches vermoulues
et à l'intérieur sale et hideux, pleines de vermine et d'en-

fants déguenillés se vautrant dans la poussière; les monuments qui, de loin, faisaient très bon effet, tombent en ruine, la cathédrale est ouverte aux quatre vents, l'herbe pousse dans la cour et le long des murailles, les places sont abandonnées; l'ortie et l'herbe poussent partout où l'on devrait trouver du sable, et quant aux pavés, des pierres en forme d'œufs et fichées dans la terre, le petit bout en l'air. Nous nous rendons à l'unique hôtel, qui se trouve sur la place du marché, où une cinquantaine de négresses vendent, étendues dans la poussière des bananes, quelques légumes et des morceaux de viande dont je n'ose demander l'origine.

L'hôtel, une vraie gargote, mais très cher. A l'extrêmité de la ville, un fort-caserne, qui est très peu à craindre et qui contient la garnison, une forte compagnie de casadores (chasseurs à pied) noirs.

Le peuple est pauvre et paresseux ; la première chose est la conséquence de la seconde.

San Tomé produit, en assez grande quantité, du café et du cacao ; ce sont ses seules ressources. Le café, qui vaut ici 0 fr. 25 la livre, est bon et assez bien coté ; le cacao est très ordinaire. Ces deux denrées se placent vite et bien, et c'est avec cela et de quelques patentes que vit la petite colonie. Comme toutes les autres colonies portugaises, la traite, il y a cinquante ans, faisait fleurir San Tomé. Alors l'on bâtissait en grand, de riches habitations se construisaient, de vastes palais ou églises s'élevaient, et l'or circulait à flots dans les hôtels et dans les maisons de jeu. La France et l'Angleterre, en faisant la chasse aux négriers et en abolissant l'esclavage, ont tué cette existence sardanapalesque ; de ces grandes richesses, il ne reste que des ruines sordides.

Le 24 avril, après trois jours de présence à San Tomé, je m'embarque enfin sur le *Nubia*, paquebot portugais, qui doit me conduire à Lisbonne. C'est un vapeur de 90 mètres de long, jaugeant 1,600 tonneaux environ. Malheureusement, trop étroit, ce qui le fait rouler terriblement, même par temps calme. « Es oun vapor, muy gigator », me dit un vieux Portugais. Nous sommes 20 à 25 passagers de 1ʳᵉ classe, presque tous fonctionnaires, rentrant en Europe pour se refaire un peu du climat de la côte d'Afrique. La nourriture est suffisante, le vin un peu trop épais et des ragoûts relevés par du safran ; à part cela, convenable. Le soir, tous les jeunes passagers montent leurs guitares sur le pont et le petit concert se poursuit jusque vers onze heures.

Le 25 au matin, nous sommes en vue de l'île du Prince, autre petite île insignifiante, qui appartient aux Portugais, elle se trouve au nord-est de San Tomé, produit un peu de café. Le soir, on lève l'ancre et nous nous mettons en route pour Boulama, petit point de la côte d'Afrique, dans les Bissagos ; nous y serons dans neuf jours ; c'est diablement long.

Le quatrième jour, nous sommes assaillis par un fort grain du large, la pluie tombe en abondance et rafraîchit considérablement l'air.

Ce froid réveille mes vieilles fièvres paludéennes du Gabon. Je suis obligé d'aller me coucher, je grelotte et me soigne avec du thé chaud et du sulfate de quinine.

Après des alternatives de beau et de grains, des parties interminables de palet et de loto avec les passagères sur le pont, après onze jours de pleine mer, nous apercevons la terre le 4 mai. C'est l'archipel des Bissagos, groupe d'îles assez nombreuses, qui se trouve dans le golfe de Biafra. Ces îles sont plates, incultes, peu habitées et le climat y est très chaud. Le sol est libre et appartient aux quelques noirs qui y vivent misérablement. Le Portugal, seul, possède une de ces îles au fond de l'archipel : Bouloma, car le premier président de la République française de 1870, M. Thiers, a été nommé arbitre entre l'Angleterre et le Portugal, pour décider si ce coin de terre devait appartenir aux Anglais ou aux Portugais ; il a donné gain de cause à ces derniers, et il ne m'a pas rendu là un grand service. Car sans cela, le paquebot ne serait pas venu passer un jour entier ici et me faire voir ce vilain pays. Entré dans les passes à 6 heures du matin, notre vapeur mouille en face Boulama, et très près de terre à 2 heures de l'après-midi.

C'est une île quelconque des Bissagos, à sol très peu élevé, terre rouge, produisant un peu de café. Le climat est terriblement chaud. La ville se compose de vingt à trente maisons ou cases, presque toutes neuves ; deux petits vapeurs de guerre, une garnison de soldats noirs, quelques négociants et la douane (surtout n'oublions pas la douane) et c'est tout. Le pays produit, paraît-il, aussi un peu d'arachides. Notre maître d'hôtel se ravitaille en tant que volailles, légumes et fruits. Le soir, les officiers, passagers, descendent à terre, où leurs collègues leur offrent un souper.

Comme notre bateau est presque bord à quai, nous entendons toute la soirée la musique du bataillon de chasseurs noirs. Cela rappelle, en mal, les musiques de parade de nos saltimbanques.

Heureusement, le lendemain matin, à 6 heures, nous filons pour les îles du Cap-Vert. Après trois jours d'assez mauvaise traversée, attendu qu'il a venté grand frais, et que le vapeur roule énormément, nous sommes en vue des îles du Cap-Vert. C'est un groupe de sept îles qui appartenaient anciennement aux Espagnols et cédées aux Portugais. Elles sont formées de terrains volcaniques et à peu près incultes. Leur aspect est sauvage, des montagnes abruptes bizarrement découpées comme à l'emporte-pièce, et sans un brin d'herbe, sans un animal et sans bruit. Dans les vallons seuls, où l'on trouve un peu d'eau, la végétation est luxuriante. La première île que l'on trouve est San Yago (Saint-Jacques). La ville principale : La Praya, assez grande, bien construite et bien habitée, juchée sur une hauteur, c'est même le diable pour y arriver, mais de là, quelle vue splendide !

A nos pieds, des ravins profonds, plus loin, des montagnes fendues comme par la foudre ou par le glaive d'un Titan, de grands aigles planant au-dessus de cette nature désolée mais grandiose. Cette vue vous saisit.

J'étais descendu à terre, avec un vieux brave homme de passager, major dans l'armée portugaise de la côte d'Afrique, et qui avait été longtemps en garnison à la Praya. Il était alférez (sous-lieutenant) et jeune à cette époque, ce vieux brave prenait plaisir à me montrer tous les endroits où, jeune officier, plein d'avenir (l'on est toujours plein d'avenir à vingt ans), il s'était promené, avait habité, ou passé de joyeux instants. La Praya est une ville de quatre à cinq mille habitants ; vue de la rade, elle est coquettement penchée sur des plateaux qui se trouvent au fond de la baie où une canonnière se tient à l'ancre et fait très bien dans le tableau. C'est une ville propre, pour une ville portugaise, habitée mi-partie par des Européens, mi-partie par des noirs, mais noirs habillés et civilisés. Depuis les Bissagos, nous avons quitté l'Afrique pure. Quelques jolies places, des rues étroites, des hôtels habitables, nous sommes loin de San Tomé. L'ile produit très peu de vin, des graines oléagineuses, du bétail et le commerce local de détail. La deuxième ile que nous visitons est Saint-Vincent. Pour arriver à la ville, notre bateau, par un temps très calme, fait tout le tour de l'ile ; le spectacle est grandiose. le sol est formé d'amoncellements de rochers énormes, plongeant droits dans la mer et coupés par moments à pic ; d'autre part s'élevant droits vers le ciel et terminés en pointes, le tout sans un pouce de végétation, pas même un brin d'herbe, l'on croit voir une des transformations du monde. Saint-Vincent se trouve au pied d'une de ces montagnes colosses ; dans la ville, ni eau, ni légumes, ni arbres : c'est le point d'atterrissement du câble sous-marin qui relie l'Europe à l'Amérique ; de plus, un vaste dépôt de charbons.

La ville ne doit son existence et ne vit que par sa position ; il y a toujours sur rade quarante à cinquante navires charbonniers, vapeurs transatlantiques ; cela, le dépôt et le câble suffisent à faire vivre la petite colonie. Sitôt ancré, je vois monter à bord un Français établi photographe dans ce pays, il me dit que l'eau et quelques salades en fait de légumes, un peu d'herbe pour nourrir de maigres moutons, leur viennent des îles voisines ; pour le reste, ils s'approvisionnent aux bateaux de passage. Nous quittons le soir cette ville pleine de poussière et de charbon, et notre paquebot fait vapeur sur Madère. Nous y serons dans huit jours seulement, me dit notre obligeant capitaine ; mais aussi, après Madère, Lisbonne et la France.

La traversée continue à être bonne, de temps en temps de fortes ondées nous font quitter notre partie de loto, ou notre promenade sur le pont ; l'on rentre dans les cabines, et les personnes sensibles y souffrent du mal de mer.

Le 16 mai, à 5 heures du matin, l'on jetait l'ancre devant Funchal, principale ville de l'île Madère. C'était une vieille connaissance à moi, trois ans avant en me rendant au Gabon, j'y avais déjà passé un ou deux jours ; bien heureux de la revoir et de me trouver en bonne santé après une si longue absence, aussi c'était avec un bien vif plaisir que je la revoyais. Je me sentais ici proche de la France. Ce n'était plus l'Afrique, plus de cases, de nègres sales. A part quelques arbres exotiques, c'est bien l'Europe et mes yeux ne pouvaient se lasser de regarder ce beau pays.

Je revois dans la rade son petit îlot surmonté d'un fortin qui n'est pas bien méchant, ses bonnes maisons, ses jolis cottages dans les campagnes qui grimpent le long des collines. Aucun changement n'a été fait depuis mon premier passage, l'on descend toujours à terre de la même façon, c'est-à-dire en canots, qui, à mer basse, vous laissent à sec, l'on passe dans une lourde voiture traînée par des bœufs ou l'on se fait porter à terre à dos d'homme. Pas d'appontement, si ce n'est celui qui sert à débarquer le charbon.

A notre descente, notre bande se sépare ; les jeunes vont à la recherche des chevaux, de petits chevaux qui les conduisent à l'ermitage d'où l'on descend en traîneau et en moins de temps qu'ils n'auront mis à monter.

Nous, les hommes graves, mon bon ami le major, un lieutenant de vaisseau, gouverneur de Mossamedès, un jeune alférez malade et moi, nous allons flâner à travers les rues. Au marché d'abord qui regorge de légumes d'Europe que je n'avais pas vus depuis trois ans, de fruits de toutes sortes, de poissons rouges, bleus, noirs, thons énormes, etc. ; puis, remontant, nous entrons dans la cathédrale, vieille église très curieuse ; elle est remarquable par ses peintures. Le chœur ressemble à ces anciens triptyques byzantins. Le tout est doré et s'ouvre laissant voir à chacune de ses trois parties des images grossières et primitives de saints et de saintes nimbés d'or et nageant dans un océan du même, comme dirait d'Hozier. Les autels sont aussi très curieux. En face : la place, l'alameda, la grande place, où deux fois la semaine la musique militaire vient jouer des valses à grand renfort de cuivres. Elle est plantée de magnolias grands au moins comme nos marronniers et couverts de belles et grandes fleurs blanches et odoriférantes. Au bout, un petit square planté d'arbres et d'arbustes de tous les pays, toujours en fleurs et poussant dru au grand air et au beau soleil de Madère. Puis, en descendant, la caserne et la maison du gouverneur ; les soldats, revêtus de costumes simples et sévères, mais coquets et lestes. Enfin, comme dans toutes villes, des rues montantes en assez grande quantité, hôtels, magasins de filigrane d'argent, joncs tournés et travaillés en chaises, fauteuils, marqueteries de bois, etc. ; rues étroites, montantes et incrustées de petits pavés. Les hôtels convenables, bonne viande, bon vin... rouge et pas trop cher ; avant le déjeuner, l'inévitable verre de vin de Madère. Un franc le petit verre et d'un cru tout à fait ordinaire.

La ville de Funchal possède environ vingt à vingt-cinq mille habitants ; il n'y a plus, à proprement parler, d'autre ville dans l'île. En sortant, l'on monte par de petits sentiers et à chaque pas l'on rencontre de charmantes maisons de campagne enfouies au milieu d'arbres magnifiques et entourées de jardins toujours verts et possédant des fleurs et des fruits de tous les pays. Le climat y est du reste délicieux ; si dans les rues il fait de temps en temps un peu trop chaud, l'on n'a qu'à monter dans les campagnes qui sont toujours rafraîchies par l'air pur et vivifiant de la haute mer. Ce qui est surtout magnifique à Madère, c'est sa vue prise de la rade. Sous vos yeux se déroule un panorama admirable ; sur les pentes des coteaux, des carrés de verdure s'enlèvent en vert tendre sur le fond rouge de la terre ; de petits vallons frais et d'un vert plus sombre zèbrent ces coteaux, et le tout est piqué de taches blanches comme des marguerites dans un pré ; ce sont les blancs cottages habités pas les heureux de ce monde.

Ces taches deviennent plus nombreuses à mesure que l'on descend, elles se rapprochent, se multiplient, se groupent et enfin, sur le rivage, ferment la ville qui est formée d'une touffe de maisons de toutes couleurs : jaune la douane, rouge le fort et la caserne ; volets peints en bleu ou vert clair, le tout entouré de beaux arbres ; c'est un spectacle ravissant.

Nous revenons presque à regret à bord de notre steamer où une foule grouillante attend le moment du départ. Dans trois jours et demi, nous serons à Lisbonne. Tant mieux, car, à Madère, nous avons pris beaucoup de passagers, les cabines sont pleines, adieu nos promenades sur le pont et nos parties de loto en petit comité ; l'on se croirait dans une rue de ville cosmopolite ; le service à table n'en finit plus, souhaitons bon vent et une mer tranquille pour les passagères délicates.

Après quatre jours de traversée (décidément notre bateau n'est pas un fameux marcheur), au petit jour on aperçoit les côtes du Portugal, nous stoppons et dix minutes après le pilote monte à bord. Nous passons d'abord près de Cintra, charmant endroit où les Lisbonnais viennent passer le dimanche ; la reine et le roi de Portugal honorent parfois de leur présence (vieux style) ce séjour ; c'est notre Trouville ou défunt Biarritz. Plus loin, des villages habités l'été par la belle société qui y vient prendre des bains de mer. Enfin, à un détour, nous voyons Lisbonne. Nous étions vraimemt favorisés : le Tage, en cet endroit est très large, il était environ cinq heures du matin ; brusquement plantée sur près de quatre kilomètres de coteaux, Lisbonne nous apparaissait noyée dans une poussière d'or ; le soleil se levait derrière ces collines et illuminait toute la ville, c'était féerique. Notre vapeur, glissant sur ce beau fleuve du Tage, à ce moment large et majestueux, déroulait à nos regards charmés le panorama splendide de la capitale du Portugal.

D'abord, le fort de Belem, construction mauresque, délicieux petit château qui s'avance sur les bords du Tage, l'on dirait de la dentelle de pierre. Puis, fièrement campé sur le haut de la première colline, le palais du roi régnant, massive et vaste construction qui fait très bien, vue à distance.

Un peu plus loin le palais du vieux roi ; enfin s'élevant des bords du Tage et grimpant jusqu'au haut des côtes, une multitude de rues larges, étroites, et chargées de constructions multicolores. Sur le fleuve, une grande quantité de bateaux, de cuirassés, des paquebots de toutes nations, d'énormes transatlantiques, une multitude de voiliers. Sur l'autre rive, comme contraste, des rochers sauvages et taillés à pic, de temps en temps, dans un pli de terrain, de petites villes. Puis, se déroule l'interminable file de rues, de maisons, la belle place Pedro II qui se termine par les rues de Prata et de Ouro (argent et or), les deux plus belles rues de Lisbonne. S'élevant au-dessus des maisons ordinaires, de hauts clochers, beaux et anciens, puis des constructions mauresques qui sont des merveilles d'architecture ; enfin la douane et la gare. Là, le Tage s'élargit et ressemble à un immense lac; dans le fond, sur la rive droite, d'assez grandes villes que l'on voit flamboyer le soir dans le lointain du tableau. Il est difficile de trouver une rade plus belle et plus pittoresque.

L'intérieur de la ville ne répond pas, malheureusement, à ce qu'elle promet vue d'un peu loin. C'est pourtant une grande ville, possédant des hôtels confortables, du mouvement, quatre ou cinq belles rues et belles places, de beaux magasins même, mais en petite quantité ; ce serait en France une ville de province de premier ordre.

Le Portugais est paresseux, ayant tout son argent en vêtements, vaniteux, mangeant du poisson sec et ayant toujours à la bouche les noms des grands hommes qui ont illustré son histoire. L'industrie est nulle en Portugal, c'est pour ainsi dire une colonie anglaise. Tous les produits manufacturiers viennent de France ou d'Angleterre ; ils exportent du vin, fort et épais, des oranges, et trop paresseux pour le travailler eux-mêmes une grande quantité de minerai de fer.

A mon arrivée, comme c'était mon devoir, je fus chez le consul de France faire viser mon livret et lui demander à ce qu'il me fît transporter à Bordeaux. Le transatlantique ne devant passer ici que dans dix à douze jours, force me fut d'aller à travers le port, cherchant un vapeur en partance. Grâce au chancelier, jeune homme charmant qui me reçut on ne peut mieux, nous dénichons un bateau de commerce, mais il ne doit partir que dans six jours. Allons, me voilà forcé de visiter en détail la capitale de Vasco de Gama.

Je pourrais bien prendre le chemin de fer et partir en traversant le Portugal et toute l'Espagne, voir Madrid en passant, mais deux jours de chemin de fer ne me sourient pas. Le 22 mai, je me rends à bord de mon bateau l'*Auguste Conseil* de Bordeaux, chargé de vins de Portugal. Le vent souffle en tempête ; et il nous est impossible de sortir le 24, le soleil se lève pâle derrière les coteaux et nous levons l'ancre. Le temps est encore très mauvais au large, heureusement, je suis blindé contre le mal de mer. Nous filons à toute vapeur le long des côtes du Portugal et d'Espagne. Voici Vigo et ses galions enfouis, la Corogne, Bilbao dans le golfe de Gascogne et enfin, sauvé ! les côtes de France ! mes misères sont finies... pour six mois !

Samedi 27 mai, 6 heures du soir ! France ! France !

Nous entrons dans la Gironde par un temps magnifique, dernier contretemps, il nous faut nous arrêter à Pauillac. Demain, je serai à Bordeaux où je prendrai l'express qui me mènera à Paris.

Reposons-nous et reprenons de nouvelles forces avant d'aller affronter le climat pernicieux du Sénégal.

29 mai 1882.

DEUXIÈME PARTIE

Réunion — Nossi-Bé — Madagascar

DE PARIS A ADEN

Après un repos de cinq mois passés en France, repos dont j'avais le plus grand besoin pour me remettre de mes fatigues du Gabon, je me préparai à rejoindre mon nouveau poste.

J'étais nommé trésorier-payeur de Nossi-Bé et, pour m'y rendre, je devais prendre le canal de Suez, voir Aden, les Seychelles, la Réunion, Madagascar ; je n'étais pas dans l'enthousiasme d'aller passer trois ou quatre ans dans l'île de Nossi-Bé, mais j'étais enchanté de mon nouveau voyage à faire.

EMBARQUEMENT

Après deux jours de promenade dans la si fameuse Canebière de Marseille (qui, entre parenthèses, n'est qu'un tout petit bout de boulevard de Paris), je m'embarquais le 12 novembre 1882 à bord du bateau des Messageries maritimes le *Djemmah*. Ce vapeur se rendait au

Japon par Aden, Singapour, Saïgon et Hong-Kong ; je devais le quitter à Aden et de là prendre une annexe qui me mènerait à Saint-Denis (Réunion) ; puis dans cette île me transborder à nouveau à bord d'une nouvelle annexe qui devait me mener enfin à bon port.

Le *Djemmah* est un des beaux vapeurs de la Compagnie des Messageries maritimes de plus de 3,000 tonneaux.

Nous sommes un grand nombre de passagers et, heureusement pour moi, je me trouve avec plusieurs officiers du commissariat de la marine qui se rendent à la Réunion et même à Nossi-Bé avec moi ; voilà de bons camarades tout trouvés pour la traversée.

Nous avons tout le confortable désirable ; très bonne table, recherchée même, de bons compagnons de route, de toutes les nationalités, par exemple : Egyptiens, Chinois, Malais, créoles de Java et Japonais ; une vraie tour de Babel au point de vue de la diffusion des langues.

Nous partons par un temps splendide ; le *Djemmah* coule doucement sur les flots bleus de la Méditerranée et déroule sous nos yeux le beau panorama de la sortie du port de Marseille (rien de celui peint par Marcel de la *Vie de Bohême* et qui devait primitivement représenter le passage de la mer Rouge). Voici le château d'If, les îles d'Hyères, les rives de France qui disparaissent petit à petit à l'horizon. Tout cela, vu du large, est assez nu. Les falaises à pic sont ici sans végétation. La journée se passe bien et très vite : aménagement de la cabine, reconnaissance entré passagers, visite du bateau, etc.

Le lendemain matin, nous sommes en vue des côtes de Corse. Toujours des falaises incultes, des rochers, un rideau noir sur le fond de ciel, voilà la Corse vue du large. Patience, ce soir, 13 novembre, nous serons à Naples.

NAPLES ET LE DÉTROIT DE MESSINE

Voir Naples ! et... se bien porter après l'avoir vu. Naples, terre classique des admirateurs. Le beau ciel d'Italie, la mer bleue du golfe de Naples, le Vésuve en feu avec ses deux villes d'Herculanum et Pompéi enfouies à moitié encore à ses pieds et sous ses laves ! Que de guitares là-dessus ! Je veux bien croire que tout cela est admirable ; quant à nous, nous arrivions prosaïquement à bord d'un steamer dans l'ancienne capitale de la République parthé-nopéenne et à 5 heures du matin. Le temps était sombre, des becs de gaz piquaient de leurs feux rougeâtres la brume qui enveloppait Naples ; un peu de fumée nous indiquait la position du Vésuve et c'était tout. Cela me rappelait l'arrivée en chemin de fer, de nuit, dans une ville de hauts fourneaux comme Saint-Etienne ou Rive-de-Gier et pas du tout la *Muette de Portici* ou le marché ensoleillé de Castellamare. Enfin, à Naples comme à Liverpool, le soleil a raison des brumes et, au petit jour, le brouillard se dissipa. Les contours de la ville se dessinent un peu, la masse du Vésuve apparaît. L'on devine que, par un beau soleil, avec sa position exceptionnelle, le panorama de cette baie de Naples doit être admirable.

J'eus à peine le temps d'aller passer une heure et demie à terre et je fus réellement fâché de cette visite ; j'aurais préféré garder mes illusions, car ce que je vis de Naples : de petites rues sales et grimpantes, une population, je ne dirai pas sordide, mais manquant complètement de cachet, ne m'expliquent pas les écrits dithyrambiques auxquels se sont livrés quelques auteurs sur les beautés de cette ville.

Je crois que le soleil est pour beaucoup dans la poésie de Naples, et aussi sa position qui est d'être étagée au bord de son golfe.

A 8 heures du matin, nous levons l'ancre. Le

temps est doux et calme, nous longeons Capri cher à Tibère, le Vésuve nous envoie, comme adieu, un dernier panache de fumée et, à part quelques photographies et des morceaux de lave gravés imitant les camées antiques, c'est tout ce que j'emporte de Naples, comme souvenir.

Ce soir, 14 novembre, nous découvrons les côtes de Sicile ; cette fois, ce n'est pas la faute de la brume, mais comme il est 8 h. 1/2 du soir, la nuit est venue, nous ne voyons que quelques phares qui servent à nous guider et à nous empêcher de nous broyer dans le détroit de Messine.

Il paraît, me dit-on, que rien n'est plus beau que le détroit de Messine. D'un côté, les Calabres avec la ville de Reggio ; de l'autre, la Sicile avec Messine ; ces deux villes séparées par un étroit chenal ; les coteaux verts de la Sicile ; comme fond de tableau, le Stromboli en feu, les îles Lipari ; en face, à l'horizon, la cime neigeuse de l'Etna ; un vrai décor de cinquième acte de féerie avec feu de bengale.

Enfin, ce sera pour le retour, si je reviens ; prenons note de ces splendeurs non vues et allons nous coucher, après avoir aperçu le fourmillement des lumières de Reggio et de Messine qui dansent dans l'obscurité et nous être payé la vue, que veut bien nous fournir le Stromboli, d'une petite éruption.

Jusqu'au 18, la mer et le temps furent calmes, pas une ride, le bleu de la Méditerranée se déroulait sous la quille de notre vapeur comme un manteau de moire ; le *Djemmah* filait régulièrement ses 13 nœuds et demi. Nous avions un pont de 125 mètres de long pour nos promenades, puis l'existence habituelle des paquebots par beau temps : après le déjeuner et une courte sieste, les parties de cartes s'installaient dans la petite hutte construite *ad hoc* sur le pont.

Plusieurs passagers et passagères préparaient les jeux de tonneau et de carrés (ce jeu consiste à lancer des disques de fer-blanc dans des cases tracées à la craie sur le pont, et portant différents numéros) ; la lassitude arrivait ; on lisait, causait, nouait connaissance ; connaissances passagères s'il en fût. La cloche de cinq heures nous réunissait pour le dîner, toujours le bienvenu et très bien servi ; puis, le soir, de petites sauteries au piano s'installaient, des chants, des conversations singulières où l'on voyait des Chinois qui expliquaient à des Javanais, et par l'entremise d'Anglais, les beautés de Pékin. Des Allemands causent commerce avec des Japonais.

Les Français frayaient de préférence avec les officiers du paquebot, ou entre eux, et étaient toujours les premiers à donner la main aux dames lorsque l'on organisait les quadrilles.

Le 17, nous côtoyâme l'île de Candie et, le 18, au petit jour, nous stoppions à Port-Saïd.

Là, grave nouvelle ! les charbonniers du port s'étaient mis en grève. Des Arabes, à Port-Saïd, en grève ! Oh ! l'internationale ! Bref, notre vapeur ayant besoin de beaucoup de tonnes de charbon, nous ne pouvions partir que le 19, ; je n'en étais pas autrement fâché.

Ce contretemps, pour le capitaine, me donnerait plus de facilité pour étudier Port-Saïd et l'entrée du canal de Suez.

PORT-SAÏD ET LE CANAL DE SUEZ

Aussitôt stoppé, de peur d'être aveuglé par la poussière de charbon, nous descendons à terre.

Port-Saïd se compose de deux villes distinctes, construites à l'entrée du canal de Suez ; une longue jetée en pierres d'un côté, en débarquant, puis nous sommes dans une longue rue à bazars, magasins de photographies, curiosités. Les maisons sont propres, construites en bois et bien alignées, avec trottoirs, becs de gaz et, ce qui fait plaisir, les noms des rues écrits en français, qui du reste se parle couramment à Port-Saïd. Cette ville doit bien cela à M. de Lesseps qui en est le créateur:

Plus loin, les consulats, des marchés très bien fournis, ma foi, en viandes, légumes et fruits ; puis la ville arabe, sale et construite (à la lettre) avec les planches de caisses à vermout ou absinthe (au choix) et couverte de boîtes à conserves en fer-blanc. Le tout très chaud et pas pittoresque du tout.

Des Arabes et des femmes arabes un peu plus propres (je l'espère du moins) se tiennent sur les portes et nous appellent par des signes qu'il est inutile de détailler.

Sans doute elles désirent nous montrer les curiosités du pays.

Puis, encore plus loin, les lacs, et de l'autre côté la mer.

Le soir, nous nous rendîmes dans un des grands cafés-concerts de l'endroit, où l'on fait de bonne musique.

Chose particulière, cet orchestre se compose de 20 à 25 musiciennes autrichiennes, jeunes, chastes et pures ! (c'est une des conditions de l'engagement, à ce que l'on m'a assuré et certifié de la façon la plus formelle) ; leur directeur est presque responsable de leur vertu.

Cet orchestre sert à amorcer le public qui, voyant dans cet établissement une porte mystérieuse, n'a rien de plus pressé que d'entrer par cette porte et là il trouve installée la roulette qui enlève au pauvre voyageur, en un clin d'œil, tout l'argent qu'il a apporté du bateau.

Au milieu du fouillis des consommateurs, des soldats anglais, raides, graves et guindés se promènent et maintiennent l'ordre.

La vue de ces costumes rouges m'ôte tout mon plaisir.

Port-Saïd n'est, à proprement parler, qu'un grand bazar ou caravansérail où s'approvisionnent de charbon et de vivres frais tous les bateaux qui passent le canal en allant ou revenant. Ce n'est que du sable où l'on a eu toutes les peines du monde à créer un soupçon de square.

La musique turque s'y tient le dimanche et joue des airs saugrenus. Sur les bancs, les femmes arabes des riches négociants viennent s'asseoir, toutes revêtues de longs kaïks blancs, ne laissant voir que deux grands yeux noirs très doux et de petits pieds chaussés de babouches pailletées d'or. Le lendemain matin, notre bateau s'engageait, à petite vapeur, dans le canal de Suez.

A cet endroit, le canal est assez large et bien entretenu, les bords solides.

Nous filons tranquillement sur ce long canal d'eau salée. D'un côté, le lac Mensaleh, très peu profond, l'eau recouvrant à peine la terre. Des milliers et des milliers de grues blanches ou cendrées, d'ibis rouges, de mouettes, de flamands roses se tiennent debout sur ce lac sur une patte, ou font, en l'air, de grands tourbillons de vols ; ce lac en est couvert.

De l'autre côté, le désert immense, plaine de sable fin sans autre limite que l'horizon et sur laquelle pas un arbuste, pas une herbe ne repose la vue.

Puis à mesure que l'on s'avance, le désert est piqué de petits monticules de sable, et toujours du sable à l'infini.

De temps en temps, l'on rencontre une drague, une dahabieh égyptienne (sorte de petite barque), puis des garages ou gares où l'on est obligé de se remiser pour laisser passer les navires qui sont entrés avant nous dans le canal et annoncés aux gares par le télégraphe.

Dans la journée, des effets curieux de mirage. Vers une heure de l'après-midi, nous stoppons à côté du vieux pont d'El-Kantara ; c'est par ce point et sur ce pont que passent toutes les caravanes qui viennent de la Basse-Egypte ou de la Tripolitaine et qui s'arrêtent dans ce lieu avant de se rendre en Syrie ou en Arabie.

C'est toujours le point d'arrêt d'un tas de Bédouins et d'Arabes. Nous voyons une longue file de chameaux chargés de marchandises s'avancer, un à un, majestueusement dans le désert.

Ce tableau est plein de couleur locale; les Arabes barbus,

à l'air farouche, couverts de la poussière du désert, drapés à l'antique ; les chameaux à la démarche lente, tout cela, sous le ciel pur de l'Egypte, a beaucoup de caractère.

A mi-chemin, l'on trouve les lacs amers et là, les fonds étant suffisants et les rives éloignées l'une de l'autre, nous pouvons filer à toute vapeur au lieu de nous traîner à pas de tortue comme nous le faisons depuis ce matin.

Voici Ismaïlia, bâtie dans un fond et tout entourée de fraîche verdure, l'effet de cette ville blanche, au milieu d'arbres verts, est très coquet ; c'est là que passe le chemin de fer du Caire à Suez, et nous voyons fuir, avec son panache de fumée, une locomotive sur la route ferrée foulée anciennement par les Pharaons.

Quelle différence avec la caravane biblique du matin !

Là encore, à Ismaïlia, se trouve un fort beau palais appartenant au khédive ; il est bien supérieur au chalet de l'impératrice construit sur les bords du canal lors de l'arrivée en Egypte de l'impératrice Eugénie. Ce malheureux chalet, tout blanc et or, jure horriblement, par sa construction presque de forme européenne, avec le milieu sauvage qui l'entoure. Il tombe du reste en ruines.

Un peu après Ismaïlia, la nuit se fait et nous sommes obligés de nous garer pour attendre le jour du lendemain.

Cette nuit passée en plein désert nous laisse une impression très forte.

Un calme absolu autour de soi, à peine le cri lointain d'un chacal et la lune promenant sa clarté argentée sur l'infini des sables. L'on ne quitte ce tableau qu'avec émotion.

Au matin, à nouveau, les deux berges resserrées du canal ; de temps en temps, un Arabe passe à pied sur le sable et y laisse la trace profonde de ses pas que l'on retrouve un ou deux mois après.

Enfin, l'on aperçoit Suez à la sortie du canal, un peu sur la droite.

Suez est une ville très ancienne, construite à la mode arabe, maisons blanches et mosquées.

Rives de la mer Rouge, près de Souakim.

A côté de l'ancienne ville est venue se souder la nouvelle cité européenne construite pour le canal et reliée au Caire et à Alexandrie par un chemin de fer.

Après Suez, l'on débouque et cette fois en bonne marche dans la mer Rouge (qui est d'un bleu intense) et l'on navigue entre de petites collines qui revêtent, avec la lumière pure du ciel d'Egypte, les tons les plus doux du rose et du violet. Au sortir du premier golfe, l'on aperçoit, sur la gauche et dans un demi-lointain, le mont Sinaï (où sur le mont Sina la loi nous fut donnée ! combien de fois avons-nous copié cette phrase, et la suite, en pensums, au lycée). Le mont Sinaï ne paraît pas trop élevé, il est complètement dénudé, se trouve au milieu d'une nature sauvage qui ne manque pas de grandeur.

Les berges de la mer Rouge sont escarpées et arides, les flancs de ces berges sont de terre rouge qui réverbèrent la chaleur déjà intense ; tout ce pays est mort.

Petit à petit, nous perdons de vue la terre des Pharaons et laissons planer au-dessus de ces lieux intéressants la grande ombre de Sésostris et aussi les grands aigles qui volent en cercle au-dessus de ces terres brûlées par un soleil de plomb.

Autant l'Egypte intérieure est riante et fertilisée par le Nil, autant les bords de la mer Rouge sont abrupts et calcinés. Nous avançons de cent lieues environ toutes les vingt-quatre heures dans la mer Rouge et dans le Sud par conséquent. Aussi, tous les jours, la température est plus élevée et commence à être terrible.

Nous n'avons qu'à nous baigner, nous éponger, regarder passer devant nous les îles ou les villes qui bordent la mer Rouge et attendre Aden où nous devons être dans quatre ou cinq jours. Quelle chaleur ! sur le pont, dans les cabines surtout !

Le 25 au matin, nous laissons Moka par notre travers, puis, après avoir franchi le détroit de Bab-el-Mandeb, nous piquons droit dans l'est, en sortant de la mer Rouge, pour nous diriger sur Aden.

ADEN, LES SEYCHELLES ET LA RÉUNION

Nous jetons l'ancre dans la baie d'Aden vers 2 heures de l'après-midi et aussitôt, malgré un soleil torride, nous nous faisons descendre à terre.

C'est bien un des endroits les plus curieux du monde à visiter.

Aden est situé sur une presqu'île de l'Arabie et bâti sur un îlot de sable et de rochers dénudés. C'est un immense rocher relié à la terre ferme d'Asie par une langue de sable. Rien que des rochers nus, déchiquetés, s'empilant les uns sur les autres avec des déchirures bizarres se profilant sur le ciel.

A la lettre, pas un pouce d'herbe ne vit sur ce roc désolé; je n'ai encore vu que Saint-Vincent, dans les îles du Cap-Vert, comparable à cette nudité.

Pas de terre végétale, pas une goutte d'eau.

Les Anglais, possesseurs de ce coin de pierre, très bien placé pour commander la sortie de la mer Rouge et, partant, du canal de Suez, ont accumulé les fortifications sur ce point.

En débarquant, l'on trouve Steamer-Point, la nouvelle ville habitée par les consulats, les marchands parsis, arabes et juifs de Jérusalem. Dans leurs bazars, vous pouvez vous procurer tous les produits de la Palestine, de l'Egypte, de l'Arabie, pas à bon compte par exemple.

Puis les éternels cafés-concerts menés par des Autrichiennes (ici avec ou sans vertu contrôlée), des casernes, le logement du gouverneur, d'immenses parcs à charbon, des machines et appareils distillatoires, cet îlot n'ayant pas d'eau douce.

Notre pauvre petit coin d'Obock, un peu au nord, à la sortie de la mer Rouge, aura bien du mal à supplanter sa rivale Aden ; à part les bateaux de l'Etat, qui iront par ordre se ravitailler dans ce triste endroit, il s'écoulera bien du temps avant que les lignes de Steamer quittent Aden pour Obock.

Après avoir visité les bazars du Steamer-Point et m'y être désaltéré, sinon rafraîchi (car ici il fait si chaud que la glace elle-même vous semble tiède), accompagné de quelques camarades, je pris une voiture pour visiter l'antique et vieille ville d'Aden.

L'on suit d'abord une route accidentée et pittoresque, et l'on croise quantité de petites caravanes venant de l'Arabie par la presqu'île ; des files de chameaux étiques, des Arabes, des Indiens, toutes les couleurs, tous les types se présentent pour le plus grand plaisir des yeux. Puis l'on arrive aux premières fortifications.

Là, des cipayes de l'Inde, soldats splendides vêtus de rouge et coiffés de turbans énormes qui vous laissent passer (de jour) sous une suite de voûtes, de portes fortifiées, de casemates, le tout construit et coupé en plein rocher de la montagne et, tout à coup, à un tournant, l'on découvre à ses pieds, dans un bas-fond, et entourée de montagnes élevées, droites et dures, la vraie ville d'Aden où, dit la légende, se trouve ou se trouvait le tombeau d'Adam. Rien que cela d'antiquité !!!

C'est un des endroits les plus chauds du monde, mais bien curieux ; l'on ne pense pas, au début, à la chaleur, l'on est tout yeux.

Les rues sont étroites, construites à la façon arabe ; peu d'ouvertures, peintes en blanc... sale et avec terrasses. Çà et là, une mosquée avec son haut et gracieux minaret. Tous les types de l'Orient se croisent ici ; au centre, après les casernes des cipayes, un grand marché clôturé dans lequel se groupent des centaines de chameaux.

Comme lieux de repos, quelques bazars primitifs et des cafés arabes avec houris blanches, noires, jaunes ; Abyssines noires et magnifiques, juives en pantalons de soie bouffants, Arabes qui ont jeté Mahomet par-dessus les moulins, Égyptiennes qui ont peut-être été bayadères du temple de Philoé dans leur jeunesse, et ce qui est plus sérieux, de très bon café.

Après avoir visité cette ville si curieuse, il faut se rendre aux citernes qui sont admirables. Les grandes pluies abondantes ne se font sentir à Aden que tous les deux ans, environ.

Aussi, comme ce pays manque totalement d'eau douce, l'on a construit des citernes gigantesques pour retenir l'eau du ciel quand elle daigne tomber.

Ces citernes, commencées par les Romains (tout est ancien ici) lors de leur occupation, et terminées pratiquement par les Anglais, sont formées tout simplement par les hautes montagnes qui cerclent Aden.

L'on s'est contenté de cimenter les fissures de ces montagnes, d'y former, de haut en bas, d'immenses rigoles qui permettent de ne pas perdre une goutte de pluie et qui amènent cette eau au bas des montagnes qui, en se rejoignant, forment des bassins de titans.

Ces bassins sont également cimentés, pourvus d'escaliers en fer et se relient les uns aux autres ; c'est un travail cyclopéen.

Cet endroit est, bien entendu, le moins nu de la presqu'île ; aussi, à force d'arrosage, l'on est parvenu à y faire pousser quelques maigres arbustes rabougris.

Nous revenons par la route poussiéreuse où nous rencontrons d'autres files de chameaux, des Indiens splendides aux yeux noirs comme du charbon, des négresses revêtues de pagnes éclatants et montrant leurs dents blanches.

Puis, changeant de route, nous revenons à Steamer-Point par un long couloir souterrain. Là, avant de rentrer, nous dînons à l'hôtel Français où l'on nous sert de tout... en conserves. Pas le plus petit brin de salade et enfin, nous rentrons à bord où nous trouvons toujours la même chaleur accablante.

Demain, nous ferons vapeur pour les Seychelles où nous devons arriver dans 6 jours environ.

Après avoir quitté Aden, nous avions à doubler le cap

Guardafui, avant de nous lancer en plein Océan Indien. Ce cap Guardafui jouit d'une renommée détestable causée par tous les sinistres maritimes arrivés dans ces parages.

Il se compose de deux pointes. Quand l'on a doublé la première de ces pointes, l'on se trouve en vue d'une grande plaine de sable recouverte de sel qui imite le miroitement de la mer à s'y méprendre. Si donc l'on n'apporte pas la plus grande attention, cette vue trompeuse vous fait gouverner droit sur cette plaine de sable que l'on prend pour la mer en vous faisant croire que l'on a doublé les deux caps. Alors, bien entendu, le navire se jette à la côte, se brise, et les marchandises (ce qui ne serait rien) mais les passagers et passagères sont saisis par les Somalis, tribus sauvages de la côte d'Ajan, qui rôdent sans cesse dans ces parages dangereux, ils sont tués ou menés dans l'intérieur des terres. La liste serait longue des grands steamers et navires de guerre même qui ont ainsi péri.

Après avoir heureusement doublé ce cap, et laissant l'île de Socotora à notre gauche, nous nous lançons dans l'Océan Indien.

SEYCHELLES

Le premier décembre, après une traversée magnifique, nous apercevons le premier groupe des îles Seychelles.

Cet archipel, qui appartient, bien entendu, aux Anglais (bien qu'il ait été longtemps français), se trouve en plein Océan Indien, par 5 degrés sud, et se compose d'un assez grand nombre d'îles dont la principale est Mahé.

Encore un nom français. — Nous faisons escale à Mahé; c'est une île verdoyante et charmante, plantée en grande partie de cocotiers ; s'il n'y faisait pas si chaud, ce serait un séjour enchanteur.

La petite ville est bâtie en amphithéâtre et très pittoresque ; le marché est abondamment pourvu en fruits, viande de bœuf ; seulement ici, la viande de bœuf, c'est la chair de la tortue de mer qui abonde, tandis que le vrai bœuf, comme le mouton, du reste, fait complètement défaut.

Ce brave petit peuple mange sa tortue en la décorant pompeusement du nom de bœuf ; il n'y a que la foi qui sauve.

L'on a vraiment plaisir à se trouver au milieu de cette population douce qui ne parle que français (français créolisé) et qui s'est montrée si profondément encore attachée à son ancienne mère patrie lors du passage du « Bayard », qui ramenait du Tonkin les restes de l'immortel amiral Courbet, et qui a fait escale à Mahé.

C'est avec attendrissement que je me souviens de ces faits en écrivant ces lignes.

Le 5 décembre, les hautes cimes des montagnes de la Réunion se montraient à l'horizon ; nous avions, à bord, plusieurs passagers nés dans cette colonie et qui avaient des larmes de bonheur aux yeux en revoyant leur île chérie qu'ils avaient quittée pour affaires ou pour visiter la France qu'ils aiment tant.

A midi, nous étions mouillés sur la rade, des plus foraines, de Saint-Denis, principale ville de la Réunion.

L'on m'avait fait, à bord, un épouvantail du débarquement des passagers à Saint-Denis.

En effet, Saint-Denis se trouve construit sur le bord d'une côte sans estuaire, et les lames du large, même par temps calme, viennent déferler avec force contre l'appontement vers lequel le canot du bord se dirige. Par gros temps, l'accostage est pénible et très dangereux ; avec cyclone ou ras de marée, il est presque impossible.

Mais, même par temps calme, ce débarquement offre des difficultés, surtout pour les femmes et les vieillards.

Une route à la Réunion.

RÉUNION

Me voici débarqué sain et sauf à Saint-Denis, chef-lieu de la colonie de l'ancienne île Bourbon et maintenant Réunion.

Saint-Denis est une belle et grande ville de 35,000 habitants environ, séparée en deux parties inégales par une rivière.

Les rues sont parfaitement droites ; les maisons presque toutes construites en bois, bien comprises, c'est-à-dire qu'elles sont entourées de vérandas et de jardins. De sorte que l'air circule librement autour des chambres.

Dans un grand nombre de rues, les arbres des jardins dont le feuillage couvert de fleurs surplombe de chaque côté, de sorte que vous vous promenez sous un dôme de verdure.

Tous ces jardins sont ravissants, parfaitement plantés et bien entretenus.

Dans la partie haute de la ville, l'on a construit depuis fort longtemps un jardin public qui renferme tous les arbres de la création et surtout tous les arbres ayant de belles fleurs.

Ce magnifique jardin n'est, heureusement, pas délaissé le dimanche, qui est jour de musique.

Toutes les dames de Saint-Denis s'y rendent en grande toilette, et rien de plus gracieux que ces robes claires au milieu des fleurs et de la verdure.

Le directeur de ce beau jardin, très intelligent et infatigable, a apporté également tous ses soins à remplir d'objets rares et de curiosités des îles de l'Océan Indien, un musée très complet et parfaitement entretenu.

Ce musée contient une collection unique de coquillages de Madagascar ; des spécimens de tous les bois du pays, des œufs d'épiornis (oiseau antédiluvien), etc.

La ville de Saint-Denis a, comme toute ville principale qui se respecte, un hôtel de ville (neuf et de grand aspect, l'intérieur en est très riche), l'hôtel du gouvernement, bien plus pauvre (extérieurement) et construit de pièces et de morceaux ; un hôpital immense et très bien placé ; une belle cathédrale ; puis, de l'autre côté de la rivière, sur la seconde ville, reliée à la première par un très beau et très solide pont en pierres, les casernes d'infanterie, celles d'artillerie et de gendarmerie étant dans la grande ville.

Pour finir de connaître Saint-Denis, il n'y a plus qu'à prendre une voiture, l'on en trouve en quantité suffisante stationnant sur les places, et faire le tour de la ville ; cela s'appelle la promenade des Camélias.

Cette promenade est charmante ; vous passez à côté de belles propriétés, puis du bal du « Château des fleurs » ; vous roulez tout à coup sous un dôme de verdure, sur une route bien entretenue, puis vous rentrez par une autre extrémité de la ville nommée « le Butor » en laissant derrière vous la gare du chemin de fer.

Enfin, l'on vous conduit à l'hôtel « de l'Europe », très vaste établissement qui retentit toute la journée et la soirée du bruit des dominos remués sur les tables en zinc, et où vous vous asseyez à une table d'hôte assez bien servie et ayant toujours de 40 à 50 pensionnaires.

L'on a plaisir à se promener, à frayer avec cette bonne population de la Réunion ; c'est, malheureusement, une des seules colonies où les deux éléments, blanc et noir, s'entendent ; la population est bien française et tranquille.

La France a fait beaucoup pour ce pays, il le méritait pour sa brillante conduite passée et le mérite encore à cause de ses malheurs et du bon esprit qu'il a su conserver.

Pour moi, j'aimais flâner le matin dans ses rues larges et me rendre au marché qui est encore une de ses curiosités.

Ce sont surtout des Indiennes qui viennent y vendre des légumes et des fruits ; elles ont conservé le costume pittoresque de leur pays et cette multitude de couleurs, de types différents, me faisaient rester longtemps dans ce lieu.

Le Chinois y coudoie la belle créole de la Réunion, les dames de Saint-Denis qui font elles-mêmes leur marché et offrent des contrastes avec les Indiennes qui ne leur cèdent pas en beauté, comme traits. Et puis l'on pouvait à bon compte se régaler tout en marchant de letchis parfumés dont je ne me fatiguais jamais.

Ayant appris que nous devions rester environ quinze à vingt jours à la Réunion (notre annexe « l'Argo » étant à Maurice) nous résolûmes, un de mes amis passager et moi, de faire le tour de l'île, de nous arrêter dans les principales villes, et surtout d'aller passer deux ou trois jours à Salazie.

Sitôt dit, sitôt fait ; le lendemain, nous prenions le chemin de fer qui nous amenait à Saint-André, point terminus.

C'est un brave petit chemin de fer à voie étroite qui ne marche pas mal en plaine, va au pas quand il traverse une ville, de peur d'écraser les négrillons et les chiens qui se vautrent sur les rails et, en somme, rend de grands services au pays comme transport de voyageurs et de denrées.

Tout le monde sait que la Réunion est une île presque ronde formant un immense pain de sucre qui se termine par les pitons des Salazes, le mont Brûlé et le piton des Neiges, qui a 3,200 mètres d'altitude.

Le mont Brûlé est une montagne ignivome qui a lancé des laves dans toute la partie sud-sud-est de l'île et a fait de cet endroit un pays inhabitable, inculte et impraticable, c'est seulement là que le chemin de fer s'arrête, sans cela il ferait le tour de l'île.

Les paysages ne sont pas extraordinaires : à la base de la masse des montagnes, se trouvent des plaines plantées de cannes à sucre, d'un peu de café, de vanille et de ramie.

De temps en temps le passage d'un torrent sur un pont en fer hardiment jeté, une usine, pas de bois de ce côté.

Nous visitons aussi Saint-André, Sainte-Rose et Saint-Benoît qui sont des bourgs sans aucun cachet.

A Saint-André seulement, il y a une église ordinaire elle-même, mais pour y arriver, l'on passe par une allée très longue, plantée de palmiers-colonnes gigantesques.

Après St-André et St-Benoît, la nature devient plus tourmentée et les rivières du Mât et Marsouins offrent des sites pittoresques.

C'est à St-André que nous louons une voiture qui doit nous conduire à Salazie et à Hell-Bourg.

La route qui y conduit est surprenante d'audace ; aussi arrive-t-il assez souvent des sinistres causés par les éboulements.

Au début, la route monte raisonnablement, passe à travers des gorges admirables ; à côté de vous, des montagnes surplomblent et laissent tomber, d'une hauteur de 100 à 200 mètres, des quantités de cascades cristallines qui brillent au soleil.

A mesure que l'on s'avance, la pente devient plus rapide ; enfin, il arrive un moment où vous voyez juste au-dessus de votre tête, presque en ligne perpendiculaire, le tracé de la route par laquelle vous devez passer et, au-dessous de vous, dans le fin fond des ravins, un petit ruban qui est le chemin que vous venez de parcourir.

Un peu avant d'arriver à Salazie, l'on passe à côté d'un petit étang appelé la mare à poules d'eau, gentiment placé au centre de plusieurs collines et reflétant le vert émeraude des arbres qui tapissent ces collines.

Vous traversez Salazie, bourg assez important où l'on change de chevaux, l'on se lance dans une route encore plus abrupte pour arriver enfin à Hell-Bourg qui est situé par environ 1,500 mètres d'altitude.

Altitude qui n'a rien d'exagéré, mais qui vous paraît plus considérable à cause de la raideur de la route.

Ce bourg est un vrai jardin, peu de maisons du reste, et toutes maisons de plaisance. Un hôtel et l'hôpital militaire. Les riches habitants de la Réunion et de Maurice viennent passer la saison chaude à Salazie ou à Hell-Bourg où l'on trouve toujours une température douce. Je sais qu'au mois de décembre, qui est le mois le plus chaud de l'hémisphère sud, je me servais d'une couverture la nuit.

L'hôtel est très bien tenu par le sieur Cusard, qui s'inti-

tule l'immortel Cusard (j'ajouterai qu'il est mort en 1885,
je crois), tutoie ses pensionnaires et excelle dans la con-
fection des gâteaux et de la charcuterie.

L'on a, à Salazie, tous les légumes d'Europe, les pêches,
les pommes (les pêches surtout) sont délicieuses.

L'hôpital est vaste et possède un jardin où rien ne manque ; les soldats fatigués par le climat chaud de l'été de
Bourbon y viennent en convalescence. Ce sanatorium a
rendu de grands services au corps d'occupation de Madagascar.

Les promenades vous offrent des coups d'œil admirables ; les levers de soleil sont splendides. Au-dessus de
vous, dans le lointain, et dominant les Salazes, vous voyez
la plaine des Cafres et le Piton des Neiges dont l'ascension
est des plus pénibles ; il se trouve par 3,200 mètres d'altitude.

J'étais de retour à St-Denis après trois jours de séjour
dans ce délicieux site.

Le surlendemain, je prenais le chemin de fer qui m'en-
portait dans une direction opposée.

A peine au sortir de St-Denis, l'on traverse un tunnel
qui perce la pointe Bernard de part en part. L'on met environ une demi-heure pour traverser ce tunnel.

Puis de grandes plaines, incultes, hélas ! pour la plupart.
Différents villages et arrêts à la Pointe des Galets où l'on
creuse un nouveau port.

La Réunion n'a pas de havre, la rade foraine de St-Denis est très dure à tenir, même par temps calme, et le
débarquement des marchandises est difficile ; St-Paul
pouvait offrir une anse qui, creusée, agrandie et protégée
par une jetée, aurait offert quelques garanties ; mais, St-
Pierre, seconde ville de l'île par son importance, a eu le
dessus, et la colonie s'imposant d'une part, la municipalité
de St-Pierre empruntant d'une autre, l'on a fait à St-Pierre
une façon de port défendu par une jetée posée en biais par
rapport à l'axe du port qui devient ainsi suffisant pour
St-Pierre, mais non pour les Messageries, bâtiments de

guerre, et tous les navires qui font escale à la Réunion. Aussi l'on s'est adressé à la France qui a avancé des sommes considérables (je ne sais au juste combien de millions) et l'on a construit le port de la Pointe des Galets.

Ainsi que l'indique son nom, le lieu choisi se trouve au bout d'une plaine dénudée et couverte de galets. Le déboisement, la maladie de la canne et des caféiers ont rendu cette contrée désolée.

L'on a construit un musoir en coulant, et toujours obliquement à la terre, des blocs énormes de béton ou de pierre, puis creusé deux grands bassins à flot au milieu desquels on a laissé une langue de terre sur laquelle sont construits tous les ateliers et magasins nécessaires à ce grand travail ; un chemin de fer (annexe de la grande ligne) relie ces bassins entre eux, les plus grands navires peuvent y entrer et y tenir à l'aise à l'abri des tempêtes.

Tout cela sera très bien tant qu'un cyclone n'aura pas obstrué l'entrée des bassins. Mais tout est à craindre avec les tempêtes épouvantables qui viennent de loin en loin bouleverser les mers de l'Océan Indien, roulent des montagnes de rochers énormes là où était le vide et rompent comme des fétus les digues les mieux construites.

Grâce à l'obligeance du capitaine du port de la Pointe des Galets tous ces travaux me furent gracieusement expliqués.

Puis en wagon pour St-Paul ! Rien à dire de cette ville : elle est très chaude, bâtie sur le bord de la mer et ses maisons, comme toutes celles de la Réunion, possèdent des jardins, les rues sont larges et bien ombragées.

Un lieu de promenade, parfaitement (et le mot parfaitement est faible) décrit par George Sand dans son roman d'*Indiana*, attire tous les voyageurs : c'est le Bernica, charmant site qui se trouve à une demi-heure de St-Paul.

C'est une gorge pleine de poésie. Deux montagnes très rapprochées et coupées droites, toutes plantées d'arbres des Tropiques, laissent couler à leur base une eau très froide et très limpide qui vient des sommets du Piton des

Neiges et qui, après avoir formé plusieurs bassins d'eau courante, en forme un dernier d'eau dormante qui est un petit lac couvert de belles plantes aquatiques et sur les bords duquel l'on se repose à l'ombre d'arbres splendides.

Ces eaux calmes et pures semblent vous inviter à vous rafraîchir dans leur cristal. Mais l'on a bien raison de dire que rien n'est perfide comme l'eau qui dort.

Le froid glacial de ce bassin vous saisit, et de grands fucus, semblables à des pieuvres vivantes qui en tapissent le fond, vous entraînent ; le meilleur nageur ne peut se sauver de leurs étreintes.

A mon passage, j'ai appris que, quinze jours auparavant, un enseigne de vaisseau et une femme charmante (la femme du capitaine de l'aviso de guerre en station à St-Paul), avaient péri dans ces eaux dangereuses.

Il n'en est pas moins vrai que le site est frais et admirable.

Le lendemain, après un dîner plantureux à l'unique hôtel de St-Paul, nous reprenons le chemin de fer qui passe et déroule à nos yeux des paysages tantôt d'un caractère sauvage, tantôt très riants.

A un moment, il traverse une vraie forêt de filaos, sortes de sapins nouvellement plantés (il y a trois ans, me dit-on) et qui occupe une grande superficie.

La colonie a bien besoin d'un reboisement ; l'on a déboisé les hauteurs à tort et à travers, et, bien entendu, les orages ont alors, ne trouvant plus d'obtacle, emporté toutes les terres arables à la mer.

Sous les roues des wagons partent des lièvres et des perdrix ; cette forêt est un magnifique pays de chasse.

Nous arrivons à l'autre extrémité de la voie ferrée qui est St-Pierre, la seconde ville de la Réunion et habitée par 15 à 20,000 âmes.

C'est une belle ville, construite en pente, les maisons ont moins de jardins qu'à St-Denis, excepté dans les hauts de la ville où l'on trouve des propriétés d'une grande richesse.

De grandes fortunes existent à St-Pierre, et il n'est pas rare de voir dans la rue des équipages (chevaux et voitures) qui ne dépareraient pas les Champs-Elysées.

Enfin, retour à St-Denis, je règle là mes affaires au commissariat de marine et aux Messageries, puis je m'embarque à bord de l'*Argo* qui doit me conduire à Nossi-Bé, avec escale à Tamatave.

Je quitte avec regret ce bon petit pays de la Réunion où l'on est reçu d'une façon si affable et où l'on vit au milieu d'une population si française.

Cette colonie a été bien éprouvée, le percement de l'isthme de Suez, en l'isolant et lui retirant le bénéfice des escales des navires qui doublaient le cap de Bonne-Espérance, la maladie de la canne et des caféiers, les prix peu rémunérateurs des sucres lui ont fait subir une crise financière terrible dont elle ne s'est pas encore relevée.

Mais elle a bon courage, tout le monde marche ici la main dans la main ; il n'y a ni blancs ni noirs, mais des travailleurs et des honnêtes gens. Les autres seuls, quels qu'ils soient, sont mal vus.

Très bien représentée au Sénat et au Corps législatif, choisissant bien ses conseillers, soutenue par la France, ayant comme débouchés Madagascar et l'Australie de chaque côté d'elle, l'on peut encore avoir foi dans son avenir, et je souhaite du fond du cœur, pour elle, un nouveau regain de prospérité.

MADAGASCAR

DÉPART DE LA RÉUNION

Le 23 décembre 1882, je disais adieu à la Réunion et m'embarquais à bord de l'« Argo » pour, enfin, rejoindre mon poste à Nossi-Bé.

L'« Argo » est un ancien yacht de plaisance qui fait le service entre Maurice, Réunion, Tamatave, Nossi-Bé et Mayotte, et sert d'annexe à la ligne des Messageries.

C'est un joli bateau, bien aménagé, bon marcheur, mais rouleur comme il n'est pas possible.

A bord, nous sommes en famille, presque tous fonctionnaires ou officiers allant rejoindre, et quelques planteurs.

TAMATAVE

Après deux jours et demi de traversée, nous étions en vue de Madagascar et, le troisième jour, nous stoppions en face de Tamatave.

Tamatave se trouve sur la côte est de Madagascar, au beau milieu de l'île ; la rade est mauvaise et dangereuse par le plus petit vent.

A peine stoppé, un grand diable, conduit dans une pirogue par cinq ou six hommes dépenaillés, monte à bord.

Costumé grotesquement, coiffé d'une casquette toute galonnée d'or, des galons aux manches crasseuses de sa redingote, il sourit et salue très bas.

C'est un onzième ou douzième honneur comme qui dirait un colonel ; il cumule pour le moment les fonctions de chef de la douane et d'officier de la santé.

Notre capitaine ne se gêne pas pour le houspiller et lui dire que, d'ici peu, il faudra déguerpir, chassé qu'il va être par l'armée française.

Ce fidèle sujet de Ranavalo Manjaka II, Panjaka ny Madagascar (Ranavalo Manjaka II, reine de Madagascar), sourit jaune cette fois-ci (autant que le permet son teint).

Nous armons la baleinière et descendons vivement à terre, sur la promesse de notre commandant que nous avons sept à huit heures devant nous avant de repartir.

Nous foulons à nos pieds la terre de cette île mystérieuse de Madagascar (style consacré).

Pour le moment l'île mystérieuse nous montre une plage de sable dans lequel on enfonce jusqu'à la cheville et surchauffée par un soleil torride.

Nous nous pressons pour nous mettre à l'abri des premières maisons.

Tamatave est la deuxième ville de Madagascar, la plus importante après Tananarive, et produit beaucoup plus de droits de douane que Majunga, Vohémar, etc.

L'on enfile une longue, longue rue bâtie de maisons en bois d'un assez joli style ; de chaque côté de cette rue, qui forme arête, d'autres petites rues qui se terminent assez brusquement et aboutissent à des jardins.

Les maisons, du reste, possèdent toutes des jardins dans lesquels poussent des manguiers et beaucoup de cocotiers, car Tamatave est bâtie sur le bord de la mer et dans une plaine de sable, terrain très propice aux cocotiers.

Nous allons ainsi jusqu'au bout de cette rue habitée surtout par des négociants européens.

Le soleil est brûlant ; dans les boutiques les négociants sont étendus dans les fauteuils, autour de nous passent des Malgaches pauvrement vêtus, quelques Howas à pied, mais la plupart portés en filacons par des Malgaches.

Ces Howas sont de grands et beaux hommes, vêtus d'une longue chemise blanche et coiffés d'un immense chapeau de paille fabriqué par eux.

Le filacon se compose d'une chaise fauteuil reposant sur deux longs brancards, à chaque extrémité de ces brancards un homme. Le voyageur monte dans la chaise, il appuie ses pieds sur une petite planchette, son dos au dossier du fauteuil et les quatre marmites (c'est le nom que l'on donne aux porteurs de filacon) vous enlèvent et partent d'un pas relevé. L'on fait ainsi de très grands parcours.

Tous ces Howas ont l'air fier et nous regardent d'un assez mauvais œil.

Les fanzava (étrangers) n'ont jamais été aimés par les Howas ; et maintenant que les bruits de guerre circulent dans l'air, ils nous détestent cordialement.

Au bout de cette grande rue, une plaine nue et au loin des marécages qui miroitent au soleil ; plus loin, le camp retranché des soldats, Farafatte.

Il faut revenir sur nos pas, le soleil est épouvantablement chaud et le sable nous brûle les pieds.

Du reste, l'on nous assure qu'il n'est pas prudent de se promener en dehors de Tamatave ; et que, le soir venu, un Européen qui traverserait cette plaine aurait grande chance (si cela est une chance) d'être assassiné.

En revenant, nous nous croisons avec Mlle Juliette Fitche, une vieille demoiselle de soixante-dix ans, parente de la reine actuelle, qui s'est toujours montrée bienveillante pour les Français et qui, lors de la dernière, triste et néfaste campagne de Tintingue, a été, au péril de ses jours, relever nos pauvres soldats français décapités par les Howas et les a enterrés pieusement.

Mlle Juliette Fitche est chevalière de la Légion d'honneur.

Nous nous arrêtons pour nous reposer chez un riche négociant français de Maurice installé ici depuis longtemps.

Les bruits de guerre ont paralysé le commerce et tous les blancs se demandent ce qu'il arrivera d'eux.

Notre hôte nous rafraîchit et nous fait boire un petit vin rouge de Tamatave même, pas trop mauvais, ma foi.

Nous nous rendons ensuite dans une des rues parallèles, chez M. Raffray, consul de France.

J'y ai vu une belle collection de tous les produits du pays.

Toutes ces courses ont demandé du temps, il faut nous rembarquer.

Tamatave exporte, en grande quantité, des bœufs, des porcs, du saindoux, de l'oseille, un peu d'écaille et du cristal de roche.

Elle reçoit, en assez grande quantité, des produits manufacturés d'Europe.

Je reparlerai plus longuement de ce pays lors de mon récit de la campagne de Madagascar.

Ce soir, à minuit, à bord, nous fêtons gaiement le réveillon du 25 décembre 1882.

SAINTE MARIE-DE-MADAGASCAR

Le lendemain matin nous nous arrêtons dans la charmante baie de Sainte-Marie-de-Madagascar.

Ici, nous sommes chez nous. Sainte-Marie-de-Madagascar est une île formée d'une longue bande de terre très étroite qui n'est séparée de Madagascar que par un canal.

Elle appartient à la France depuis très longtemps. L'île est plate, très boisée et au milieu se trouvent des étangs et marécages qui diminuent encore la superficie de cette petite colonie.

Avant la possession de Nossi-Bé sur la côte nord-ouest, Sainte-Marie avait quelque importance ; à ce moment, l'on y cultivait, et avec succès, le girofle, la cannelle, la muscade, un peu de cannes, du café et enfin les habitants indigènes se livraient à la pêche et à l'élevage du bétail.

Tout cela n'existe plus ; les pères Jésuites qui sont restés dans l'île font encore un peu de culture ; les quelques Malgaches qui continuent d'habiter cette île pêchent encore de temps en temps, comme ils sont très bons marins, s'engagent à bord des bateaux de guerre de la station de l'Océan Indien, mais tout tombe en ruine et le nombre des habitants est très peu élevé.

Sur une petite éminence et dominant le havre s'élève encore, et bien conservée, la caserne château-fort de l'ancienne garnison.

Ce fort, construit de pierres dures à la mode de Vauban, sous Louis XIV ou Louis XV, a fort bonne tournure avec ses fossés, ponts-levis et défenses.

Ce pays est très malsain. La température est excessivement chaude, et de plus, les marais qui se trouvent au milieu entretiennent des fièvres continuelles.

Cela est fâcheux à tous les points, car rien d'agréable comme la vue ou une promenade à Sainte-Marie.

La petite rade se trouve masquée par une pointe sur laquelle l'on a construit l'hôpital et les maisons qui servent au résident, au médecin et au commis de marine, seuls fonctionnaires de l'île, et cette rade est charmante avec son encadrement de monticules plantés encore de girofliers et muscadiers.

Puis longeant la mer, à la toucher, une longue promenade sous des manguiers centenaires et énormes.

Là vous êtes à l'abri du soleil, que vous voyez miroiter sur la mer d'un côté, tandis que de l'autre côté de la promenade se trouvent des jardins remplis d'arbres fruitiers de toutes espèces et de cases en bois enfouies dans des massifs de verdure. C'est charmant, mais tout cela tombe en ruines et est à peine habité.

L'on rencontre encore quelques huttes malgaches dans l'intérieur de l'île, des cases de pêcheur sur le bord de la mer, c'est là toute la population de l'île.

Les femmes de Sainte-Marie vous vendent de jolis petits paniers qu'elles fabriquent en paille de différentes couleurs. Ces paniers sont faits de façon à s'emboîter les uns dans les autres ; vous en trouvez de dix à douze dans un premier de cinq à six centimètres de côté.

A midi, on lève l'ancre et nous filons sur cette mer tranquille en rasant Sainte-Marie.

Au sortir du canal, la mer ne devient pas mauvaise, mais nous nous rapprochons tellement de la côte de Madagascar pour la longer jusqu'au cap d'Ambre, point extrême de l'île, que notre vapeur roule horriblement, l'on est moulu.

Nous doublons le cap d'Ambre pendant la nuit, sans autre avarie. C'est un passage très dangereux, et l'on est tout surpris de voir les pirogues imperceptibles des naturels du cap d'Ambre s'aventurer au large pour pêcher au milieu d'une mer si mauvaise.

Dans la journée, nous passons en vue de Nossi-Mitsiou, annexe de Nossi-Bé, et le 27 au matin nous étions rendus à bon port et ancré, dans la baie de Passandava, à 2 encâblures d'Hell-Ville, principale ville de Nossi-Bé.

NOSSI-BÉ

Historique de l'île au point de vue géographique, anthropologique, géologique et de l'histoire du pays. Races. — Descriptions. — Religion. Coutumes. — Mœurs. — Habitations. — Vêtements. — Nourriture. — Produits. — Industrie des indigènes. — Commerce européen, indigène arabe et indien. — Récit anecdotique sur Madagascar. — Campagne de Madagascar, histoire de ses campagnes depuis 200 ans, motifs de celle de 1883-1884-1885, les débats, ses faits, sa fin. Espoir qu'elle avait donné à Maurice, Réunion, Nossi-Bé et Colons de Madagascar. Mon existence à Nossi-Bé, mon départ. — Voyage de retour.

Il est, de nouveau, bien entendu que l'on ne doit pas considérer ces simples notes de voyage comme un ouvrage sérieux de géographie.

Négresse de la Réunion.

Je me bornerai donc, ainsi que je l'ai annoncé, à tracer à grands traits la position géographique des lieux que j'ai à décrire, et après un exposé sommaire desdits lieux au point de vue historique et géologique, j'en parlerai comme doit le faire un simple passant.

APERÇU GÉOGRAPHIQUE ET HISTORIQUE DE MADAGASCAR

Madagascar est une des plus grandes îles du monde, située à l'extrémité sud-est de l'Afrique. Elle n'est séparée de ce continent que par le grand canal de Mozambique.

L'île présente une forme allongée, et sa disposition est N. E. S. E. Elle va du 11° nord (dans l'hémisphère sud) au 25° sud ; sa longueur est le triple de sa largeur. Elle est sillonnée du nord au sud par une vaste chaîne de montagnes qui commence au cap d'Ambre pour finir au cap sud Sainte-Marie. Cette chaîne n'est pas tout à fait continue ; elle lance des ramificationss vers le cap Saint-André et vers la baie d'Antongil. Le milieu de l'île présente une vaste surface formée de plateaux superposés, et, au point culminant, se trouve le plateau d'Emyrne sur lequel est construite la capitale : Tananarive.

Le nord de l'île possède quatre golfes ou baies, deux sur la côte nord-est (baies d'Antongil et de Diégo Suarez) et deux sur la côte nord-ouest (baies de Passandava et de Bombétock).

De petites rivières descendent de la chaîne principale et se jetaient primitivement dans la mer. Ces ruisseaux, au cours assez peu impétueux, se trouvent maintenant obstrués à leur embouchure par les sables qu'ils charrient ou par ceux poussés par la mer.

Ce double mouvement fait que ces ruisseaux, au lieu d'arriver franchement dans la mer, bavent et se répandent en eaux stagnantes le long dès côtes. D'où des marécages pestilentiels qui environnent tout Madagascar et rendent ses abords aussi malsains. Si jamais ce pays est civilisé, la première chose à faire, pour l'assainir, ce serait de creuser des canaux qui donneront un libre cours à ces rivières ; de la sorte, les marécages seront desséchés, deviendront de vastes plaines d'alluvion d'une richesse inouïe pour l'agriculture au lieu d'engendrer des fièvres.

Quant à l'intérieur de Madagascar, il est à l'abri de ces miasmes, et, à part l'intérieur des forêts, au fur et à mesure que l'on s'avance, le pays est sain ; le plateau de l'Emyrne offre un air très pur.

Des sœurs et des pères qui habitaient Tananarive depuis vingt ans et qui étaient chassés de cette capitale par la guerre m'ont assuré qu'ils n'avaient jamais ressenti de fièvres à cette altitude.

L'air est non seulement sain, mais frais, et tous les fruits et légumes d'Europe poussent sous ce climat.

Les seules contrariétés atmosphériques (je ne parle pas de celles occasionnées par l'homme) sont les orages, ils sont très fréquents, très violents et périlleux sur tout Madagascar.

Les principales villes de Madagascar sont : sur la côte Est, Andévorante, petit port ; Tamatave, port principal, et, presque en face, l'île de Sainte-Marie-de-Madagascar qui nous appartient depuis longtemps ; plus au nord, Wohémar.

Sur la côte ouest, Majunga. Je ne parle pas d'un tas de petites agglomérations de cases ou de ports howas disséminés sur le littoral et sans importance.

La seule grande ville de l'intérieur est Tananarive, la capitale, la ville aux cent villages, lieu de résidence de la reine, grande ville, construite sur une hauteur, à peine défendue par de vieux parapets armés d'un tas de vieux canons.

Les seules maisons dignes de ce nom sont : le palais de la reine, vaste construction en bois qui a coûté des millions ; les églises catholiques et protestantes et les magasins de négociants.

PRODUITS

Pour en finir, en deux mots, avec cette notice, je dirai que la surface de l'île est encore, heureusement, très boisée, le gouvernement howa défendant les grandes coupes d'arbres de peur que l'on construise des chemins. Toutes les essences forestières s'y rencontrent; le bois de rose, l'ébène, le santal, les bois durs pour construction et ébénisterie; les bois d'essence, tels que : l'encens, la liane de caoutchouc, le gommier copal, etc.

Il y a là une mine à fortunes.

Sur la côte nord-est l'on rencontre en grande quantité du cristal de roche, surtout du côté de Wohémar; la côte sud-ouest produit de l'orseille, près de la baie Saint-Augustin; enfin, dans la baie de Passandava, l'on a découvert des gisements de lignite et de charbon de terre; dans l'intérieur, des mines de cuivre et de plomb.

A part ces produits naturels du sol, déjà si riches, les Malgaches et Howas se livrent sur une grande échelle à l'élevage des bestiaux.

Madagascar alimente en bœufs, porcs et saindoux : la Réunion, Maurice, Nossi-Bé et Mayotte.

Les indigènes sèment et récoltent une grande quantité de de riz, qu'ils consomment en partie, et qui croît sur des collines, au lieu de pousser, comme partout ailleurs, dans des bas-fonds. Enfin la pêche donne l'écaille de tortue et l'ambre gris, matière très recherchée.

L'île de Madagascar fut découverte, en 1497, par Vasco de Gama, puis visitée par Almeida et d'Acunha en 1506, Mascasceinhas 1545, Cook, Bougainville et enfin connue à partir de 1774.

Les Français, depuis le règne de Richelieu (pardon ! de Louis XIII), s'y installèrent et détachèrent des colons vers la côte de la Réunion qui, alors, était inhabitée.

ETHNOGRAPHIE

Cette grande terre se trouvait partagée entre différentes tribus indigènes très peu denses. C'étaient au nord, les Antankares, Sakalaves et Betsimitsares; au sud, les Betsiléos.

A une époque inconnue (de moi du moins, malgré les renseignements que j'ai pu me procurer), des Malais, venant en droite ligne de Sumatra et de Java, avaient abordé la grande terre de Madagascar.

Leur caractère guerrier les avait rendus maîtres d'une partie de l'île ; ces hommes farouches et sanguinaires commirent des atrocités ; les Betsiléos furent décimés, les fiers Antankares se défendirent courageusement, mais en vain.

Actuellement, ces conquérants, les Howas, se considèrent comme maîtres de l'île ; leur reine, Ranavalo IV, continuant indignement la politique cruelle de ses prédécesseurs, regarde les anciens possesseurs légitimes de l'île comme ses vassaux,

Les Malgaches ne vivent tranquilles qu'en subissant cette suzeraineté et tournent leurs regards vers nous, en nous tendant leurs mains armées pour se défendre.

Ils acceptent avec joie notre pouvoir, à condition qu'on les aide à exterminer leurs arrogants ennemis qui les ont chassés de leur territoire et ont égorgé leurs ancêtres.

NOSSI-BÉ

Parmi les îles qui entourent Madagascar, les deux principales sont : Sainte-Marie et Nossi-Bé, Mayotte étant une dépendance des Comores (bien qu'à nous) et en plein canal de Mozambique.

J'ai parlé de Sainte-Marie, lors de mon récit de voyage de la Réunion à Tamatave.

OROGRAPHIE ET HYDROGRAPHIE

Nossi-Bé (en malgache grande île) se trouve enclavée dans la baie de Passandava, sur la côte nord-ouest de Madagascar ; malgré sa dénomination malgache emphatique, elle ne présente qu'une superficie de 20 à 25,0000 hectares. Elle est fortement découpée et de terrain essentiellement volcanique.

Sa forme est à peu près ronde, mais dans la partie sud-est elle se termine par une montagne soudée à elle (Loukou-Bé), qui forme hernie ; de plus, la séparant encore de la grande terre, se trouve un îlot (Nossi-Comba). Entre Loukou-Bé et Nossi-Comba, il y a passage pour deux ou trois vaisseaux, et, entre Nossi-Comba et la grande terre, la passe n'est pas plus large.

L'on peut donc dire que Nossi-Bé touche à Madagascar.

Sur une surface aussi peu étendue, l'on ne peut rencontrer de larges rivières. Deux ou trois coulent toute l'année et l'on trouve des sources d'eau potable et saine en différents endroits.

L'île est parsemée de montagnes, anciens volcans éteints ; les cratères de plusieurs d'entre eux forment des lacs habités par des caïmans énormes, et, ce qui est bien préférable, on l'avouera, des poissons exquis.

Dans le nord de l'île, l'on rencontre une suite de ces lacs superposés d'un effet très pittoresque.

Le sol est peu raviné ; ce ne sont que plaines au milieu desquelles s'élèvent ces mornes, anciens volcans. Les cours d'eau, dans une île aussi peu étendue, sont de parcours restreint, quelques-uns coulent toute l'année, d'autres sont presque à sec pendant la saison sèche et forment torrents pendant l'hivernage.

Comme il n'y a pas de meilleure terre (surtout sous les latitudes tropicales) que celles formées par la désagrégation des laves, le sol de Nossi-Bé, étant formé moitié d'argile et moitié de laves, est d'une fertilité inouïe (ou plutôt était).

PRODUITS

Les cannes poussent avec une rapidité excessive ; et, sans qu'il soit besoin de fumer la terre, celle-ci donne des récoltes magnifiques pendant dix à douze ans avec les mêmes rejetons.

Les produits de Nossi-Bé et des côtes de Madagascar qui l'environnent sont, actuellement du moins, du sucre et du tafia ou du rhum ; ce dernier produit est consommé entièrement dans la colonie.

Il y a dix à quinze ans, la colonie fournissait du café exquis qui remportait des médailles d'or et de bon argent comptant à ses exposants. La maladie s'est mise sur ces plants et c'est à peine si l'on trouve dans l'île la quantité de café suffisante à la consommation des fonctionnaires ou négociants de l'endroit.

Les indigènes plantent et récoltent du riz d'une très bonne qualité et que l'on pourrait facilement exporter ; mais leur paresse est telle qu'ils en plantent juste ce qui est nécessaire à leur consommation, ce riz pousse sur de petites collines. Ils se livrent également à l'élevage du bétail qui paît dans les plaines du nord de l'île.

Le gérant d'une habitation (Saoulang) s'est aussi adonné à la culture de la vanille et a obtenu de très beaux résultats, ses échantillons sont magnifiques, mais cette culture existe sur une trop petite échelle pour que l'on puisse la classer parmi les produits importants d'exportation.

HISTORIQUE

Nossi-Bé est colonie française depuis 1841. A cette époque, les peuplades indigènes de l'île de la Grande Terre avoisinant Nossi-Bé, pillées, pourchassées, tuées par les Howas et ne se trouvant pas assez fortes pour se défaire de leurs ennemis, préfèrent se mettre sous l'égide de la domination française.

Depuis de longues années et à différentes reprises, la France, considérant, en vertu du droit de conquête, une grande partie de Madagascar comme lui appartenant, avait envoyé plusieurs expéditions contre la Grande Terre.

Par une sorte de fatalité, ces expéditions arrivaient toujours la veille de grandes perturbations politiques en France, de sorte qu'elles n'étaient pas soutenues ni menées à bonne fin.

Aussi, il faut bien tristement l'avouer, nos soldats, après une brillante entrée en campagne, étaient obligés de se rembarquer. Mais l'occupation avait duré suffisamment, d'abord pour établir nos droits sur les terres conquises, ensuite pour faire connaître le nom français aux indigènes malgaches.

En 1841 donc, les Sakalaves et Antankares, poussés à bout, vinrent, ayant à leur tête leur roi, Adrian-Souli, se mettre à notre disposition.

En vertu de traités acceptés de part et d'autre, homologués par les Chambres législatives, les îles de Nossi-Bé, Mayotte, Nossi-Mitsiou et Nossi-Fali étaient mises sous notre protectorat et Nossi-Bé et Mayotte devenaient possessions françaises.

Les commencements de cette petite conquête furent pacifiques. Des créoles de la Réunion et quelques Français s'installèrent à Nossi-Bé, se livrant avec succès à la culture du café et de la canne à sucre. Des usines et des rhummeries s'élevèrent et prospérèrent.

Les Malgaches se refusant à tout travail, les colons essayèrent de l'immigration chinoise qui ne réussit pas.

Plus heureux du côté de l'Afrique, ils purent se procurer des Maquois de la côte de Mozambique, qui sont de bons travailleurs, assez doux et se contentant de peu.

La petite colonie prospérait, quand, tout à coup, elle fut assaillie par une bande sauvage. La garnison était faible, mais elle se défendit avec énergie, les habitants s'armèrent aussi et réussirent à chasser cette irruption, mais non sans pertes. Depuis lors, tout a été tranquille, à Nossi-Bé, du moins.

Un épisode vint pourtant démontrer que notre colonie était bien peu défendue et que, si les Howas ou certaines tribus de la Grande Terre se liguaient contre nous, il nous eût été bien difficile de nous défendre.

En face de Nossi-Bé, sur la presqu'ile de Bavatou-Bé où est construit Mouroun-Sang, l'on avait découvert des gisements de charbon de terre.

Les premières recherches avaient été poussées activement et l'on ne savait si l'on avait devant soi de grands bancs de charbon de terre ou de simple amas de lignite, mais la question était importante à résoudre.

Un Français, M. d'Ormoy, consul de France à Maurice, demanda l'autorisation au gouvernement français de s'établir à Bavatou-Bé. Cette autorisation lui fut accordée. Il s'installa avec quelques Maquois, créoles malgaches. Il fut obligé de construire un petit fortin et se mit résolument à la besogne.

Ses premiers travaux de cheminements, dont il reste encore des traces, lui firent découvrir des filons de lignite et de charbon de terre.

Il avait bon espoir, lorsqu'il fut attaqué par les Howas.

Le secours qu'il demanda au gouvernement de Nossi-Bé lui fut refusé sous le prétexte que la colonie avait le stricte nécessaire de garnison pour sa propre sécurité.

M. d'Ormoy se défendit courageusement, mais, vaincu par le nombre, sans secours, à bout de vivres, il fut défait; lui et tous les siens furent tués ou massacrés par les Howas, et l'habitation, qui avait déployé à son faîte le drapeau français, fut détruite, en vue de ce même drapeau de Nossi-Bé.

Depuis lors, ce triste lieu avait été abandonné. Cette presqu'île se trouvant reprise par l'expédition actuelle, l'on a fait venir de la Réunion une commission composée d'ingénieurs et chargée de faire des recherches sérieuses sur les gisements découverts.

L'on a envoyé à l'Exposition d'Anvers des échantillons de charbon de terre; il est inutile d'insister sur l'importance de cette découverte.

La présence de couches de houille à Madagascar rendrait un service énorme à notre flotte de l'Océan Indien et serait une source de prospérité pour ce pays.

La paix était revenue et Nossi-Bé devint assez prospère grâce à sa proximité avec la Grande Terre.

Son commerce s'étendit avec Madagascar, Maurice, la Réunion et la France.

Pour plus de commodité, les vapeurs venaient prendre à Nossi-Bé les chargements de bœufs qu'ils transportaient à la Réunion et à Maurice.

Les Indiens, venus de Bombay, et en grand nombre, qui commerçaient avec les Howas et les Malgaches préférèrent, pour leur sécurité, avoir leurs magasins généraux à Nossi-Bé.

Une ville française se fonda « Hell-Ville », des usines à vapeur s'élevèrent, les Indiens construisirent la ville indienne d'Ambanourou, et l'administration aidant, Nossi-Bé devint habitable.

Au moment de mon arrivée (janvier 1883), voici quel était l'état de la colonie.

Et d'abord son aspect : j'ai déjà dit que Nossi-Bé se trouvait enclavée dans la baie de Passandava, avait une forme à peu près ronde, quoique aux bords déchiquetés et se terminait, dans sa partie sud-est, par deux montagnes, l'une soudée à elle, Loukou-Bé; la seconde, Nossi-Comba, séparée de Nossi-Bé par un chenal large de deux ou trois encâblures et Nossi-Comba séparée elle-même de la Grande Terre par un autre canal de même largeur.

Après avoir doublé le cap d'Ambre et laissé par son travers bâbord les îles Nossi-Mitsiou et Nossi-Fali, l'on débarque dans la baie de Passandava par le canal de Nossi-Comba. D'un côté, l'on a la grande montagne sombre de Loukou-Bé, garnie de forêts impénétrables jusqu'à son sommet et habitée exclusivement par une armée de makis (singes de Madagascar); de l'autre, Nossi-Comba, plus riante, avec son sanatorium perché en haut.

Au fur et à mesure que l'on s'avance dans la baie, l'on rencontre, au pied de la montagne de Loukou-Bé une grande factoierie allemande avec ses annexes, puis dans un estuaire la ville indienne d'Ambanourou ; à ce moment, le poste vigie de Nossi-Bé vous a déjà signalé et, bientôt après, laissant derrière vous les montagnes de Loukou-Bé et dans le lointain celles de Madagascar qui se profilent à l'horizon, vous mouillez dans la petite rade d'Hell-Ville.

HELL-VILLE

Hell-Ville, située à la partie sud de Nossi-Bé, en est, je ne dirai pas la capitale, ce serait trop, mais le chef-lieu et le centre.

L'on mouille assez près d'une jetée en pierre, et, après avoir monté un raidillon sur le bord duquel sont situés les magasins à charbon de la marine et la direction du port, l'on entre à Hell-Ville.

Construit par l'amiral de Hell, ce petit centre se présente très bien et fait plaisir au nouvel arrivant.

Le cours de Hell, long de 150 à 200 mètres environ, est

Place du Marché à Hell-Ville (Nossi-Bé).

planté de plusieurs allées de magnifiques manguiers ; de chaque côté sont construits les bureaux et logements des fonctionnaires, ainsi que quelques factoreries ; l'aspect, sans être grandiose, promet beaucoup.

A gauche du cours, et au commencement, la maison du gouverneur, bien bâtie sur la pointe extrême et bien ventilée. A ses pieds le mât de pavillon où l'on hisse tous les matins le drapeau tricolore, ledit mât est entouré d'une batterie de pièces de montagnes qui servent aux saluts. Puis le palais de justice, les magasins de la Marine, l'hôtel de l'Ordonnateur, les bureaux de l'Intérieur, du Commissariat et du Trésor, la maison des Pères entourée de très beaux jardins.

Poussant au fond de la place, l'hôpital militaire, vaste construction qui n'a pas chômé pendant l'expédition de Madagascar.

De l'autre côté, des magasins de traitants, l'hôtel du Directeur de l'Intérieur, deux ou trois maisons pour les fonctionnairss et la factorerie française de Fraissinet, très grande, luxueuse même.

L'on croit véritablement, à cette vue, entrer dans une ville considérable.

Après cette place, une avenue qui ne vous retire pas encore vos illusions.

Sur cette avenue, la maison des Sœurs, l'école, des maisons particulières, la vaste construction de la police (qui fait ici l'office de police et de milice) construite en forme de camp, puis encore des maisons, le marché couvert une place et de l'autre côté de l'avenue, la cathédrale, assez grande et la caserne d'infanterie, grand carré entouré de murs.

Mais après cela, l'on rencontre bien encore, en poursuivant son chemin en avant, à droite et à gauche, des rues, mais ces rues sont formées en grande partie de cases et, de loin en loin d'une ou deux maisons en pierre, surtout celles habitées par les Indiens.

Le nombre de ces rues est pourtant assez important et,

lorsqu'il ne fait pas trop sec ni pas trop humide, l'on peut se promener une bonne heure dans l'intérieur de la ville sans passer par le même endroit.

Le soir, ces rues sont éclairées tant bien que mal, et, de distance en distance, il y a des bornes-fontaines.

C'est à M. le gouverneur Seignac que l'on doit (après l'amiral de Hell) la formation d'Hell-Ville et surtout son agrandissement.

Quant à sa position, elle est détestable; si, placé sur le plateau, au lieu de s'enfoncer dans la ville, l'on tourne à droite, on trouve immédiatement deux marécages qui se remplissent ou se vident deux fois par jour, selon que la marée est basse ou haute et, vous voyez d'ici ce que sont ces marécages fangeux quand la mer s'est retirée.

Si l'on continue son chemin jusqu'au bout d'Hell-Ville, de nouveau vous trouvez un autre marais.

L'on respire donc perpétuellement de l'air vicié à Hell-Ville.

Ce petit centre est entouré d'anciennes fortifications et quatre ou cinq fortins sont encore armés de vieux canons de marine dont les affûts pourrissent.

A la sortie, se dresse enfin un dernier fort et, à côté, une redoute.

Nous voilà hors des murs : devant soi une longue route poudreuse au possible pendant la saison sèche, ou boueuse en hiver, de chaque côté, des cases habitées surtout par des Anjouanais, Zanzibaristes et Malgaches ; ce village s'appelle Andouane.

Il est très sale et très mal odorant, au centre, du côté droit, une petite place où se font tous les dimanches des courses de bœufs; de chaque côté du village également plusieurs parcs aux bœufs qui servent à l'alimentation ou à l'exportation.

En laissant Andouane sur sa droite, l'on descend, par une pente rapide à un autre village qui prend le nom suave d'Andavakoutou, il est construit sur une langue de sable, et derrière lui, le fameux marais qui se vide à mer basse.

Vu des hauteurs, ce village présente un aspect très pittoresque : les cocotiers poussent dru sur ce sable, les cases sont très rapprochées, à mer haute, il semble construit sur une île dont l'on ne voit pas la terre. C'est un village de pêcheurs, en grande partie Anjouanais et Malgaches.

AMBANOUROU

Il y a encore à Nossi-Bé une réunion de maisons qui forment presque une petite ville : c'est Ambanourou.

Ambanourou est située dans une petite baie formée par la montagne de Loukou-Bé.

C'est une ville exclusivement indienne, les maisons construites à l'indienne, c'est-à-dire en pierre ou madrépores et coraux avec de petites ouvertures.

Elle possède des écoles et des mosquées, les Indiens étant mahométans.

Les domestiques, seuls, sont de Zanzibar ou Malgaches.

Une promenade en mer à Ambanourou est très agréable et très pittoresque, l'on est à 1,000 lieues de Madagascar : tout vous rappelle l'Inde. Les rues, les maisons, l'éclairage au moyen de lanternes.

Au milieu des rues, des Indiens de Bombay, vêtus, les jours ordinaires, de longues robes blanches en toile, d'un turban et de babouches. Les jours de fêtes, ils revêtent des costumes magnifiques en soie avec turbans et ceintures lamés d'or, des poignards très riches passés dans la ceinture. Leurs petits enfants sont également couverts de bijoux et habillés d'étoffes de soie

Quant à Mesdames les Indiennes, elles sortent très peu et, quand elles s'y décident ce n'est qu'enveloppées d'un immense sac qui présente deux petites fenêtres à hauteur des yeux.

Chez elles, mais il est très difficile d'y pénétrer, elles passent les journées accroupies dans de petites chambres sans air, au milieu des pastilles parfumées qui s'en vont en fumée dans des brûle-parfums, entourées de leurs domestiques de Zanzibar et de leurs enfants.

Elles sont la plupart très belles et, jusqu'à un certain âge, de formes parfaites, souvent presque blanches avec de grands yeux noirs et des cheveux magnifiques.

Là, elles sont loin d'être dans un sac. Pour tout vêtement, un large pantalon en soie rose ou vert pomme, puis un canezou qui descend au-dessous des seins en les emprisonnant fortement, ainsi que le haut des bras.

Des bijoux d'or aux jambes, aux bras, aux oreilles, au nez.

Après Ambanourou, le reste des autres centres mérite à peine le nom de villages.

HABITATIONS, NOURRITURE ET COSTUMES DES MALGACHES

Les maisons ou cases malgaches sont bien comprises pour le climat, mais comme toutes les cases à nègres, elles empestent et l'intérieur est presque toujours d'une saleté répugnante.

Sur un sol bien battu et d'environ 5 à 6 mètres de côté, l'on plante de forts piquets en bois, de 3 à 4 mètres de haut. Puis, ces piquets sont reliés par une cloison faite avec les nervures de la feuille du ravenal cousues l'une à l'autre; ce sont les murailles.

La toiture se compose des parties molles de la même feuille de ravenal posées ainsi que des tuiles l'une sur l'autre.

Le tout est très frais, coûte très peu et il est loisible à un Malgache qui ne se plaît pas dans l'endroit qu'il habite, de transporter sa maison sur un autre point.

Quant à moi, à mon arrivée à Nosssi-Bé, j'avais loué (et très cher) une case malgache, mais recouverte en feuilles de zinc et très basse de toit. C'était insoutenable, à partir de 8 heures du matin l'on était rôti, et j'étouffais.

Aussi, comme aucune maison à l'européenne n'était à louer, je me décidai à m'en construire une.

> Quand on ne veut pas payer son terme,
> Il faut avoir une maison à soi.

Je m'abouchai avec un propriétaire de terrain (qui vaut ici assez cher le mètre carré), et incontinent ma maison s'éleva.

D'abord avec des coraux bien secs et de la chaux produite par ces mêmes coraux (et qui par parenthèse est excellente) je fis faire un soubassement en maçonnerie. Puis, grand luxe, un plancher en bois de nate magnifique.

Mes poteaux, au lieu d'être laissés tels quels, furent dégrossis et équarris, la toiture et les murailles en feuilles de ravenals, bien consolidées, des fenêtres et des portes ornées de serrures, bref, un vrai palais à côté des cases construites pour Malgaches.

Mon mobilier se composait presque uniquement de produits du pays.

Mon lit, en bois très beau, avec deux matelas, le premier avec enveloppe en rabane se composait de fines feuilles de maïs et le second de bourre de coco bien lavée et battue.

Impossible d'avoir un lit plus souple et plus frais. Table, étagères, etc., tout construit en vieux nate magnifique; sur mes étagères, une collection splendide de coquillages du pays, les plus beaux du monde.

Et tout cela..... pour 800 francs !

Autour de ma case, des arbres de toute beauté, très hauts et très touffus ; j'étais logé comme un prince...... comme un prince malgache !

Le revers de la médaille, c'est que toutes ces toitures e, murailles en feuilles n'étaient pas imperméables, et, pendant les forts orages j'étais obligé de me lever et de traîner mon lit tout autour de ma chambre en cherchant un endroit sec. Le bonheur n'est jamais parfait !

Bien entendu, les Malgaches ne sont pas logés si somptueusement : quelques malles pour mettre les hardes, un lit sommaire chez les fortunés, une paillasse à terre chez les pauvres, quelques chaises ou tabourets grossièrement établis, une marmite en fer et de la poterie, voilà tout leur mobilier.

Ces indigènes ont l'habitude de suspendre, au-dessus de leur foyer fait avec 3 pierres, des lanières de viande qui sèchent à la fumée de ce foyer. Aussi, c'est une infection quand l'on entre dans ces cases.

Les cases des Malgaches habitant la ville se ressentent du voisinage de l'Européen et sont moins sales.

CLIMATOLOGIE

La température de Nossi-Bé n'est pas très haute ; le thermomètre marque de 30 à 32° pendant les cinq à six mois de chaleur, 27 à 28° pendant la saison sèche. Ce qui rend ce climat débilitant et malsain, c'est qu'il y fait presque toute l'année, une grande quantité de pluie. Les orages sont épouvantables, l'air est saturé d'humidité et d'électricité, le tonnerre gronde sans cesse et l'on ne respire qu'une atmosphère lourde, qui, jointe aux exhalaisons des marécages, rend Nossi-Bé excessivement malsain.

Les fièvres paludéennes, hématuriques, etc. y sont à l'état endémique ; heureusement peu d'épidémies de choléra.

La nourriture du Malgache est assez variée, beaucoup plus que chez les peuplades du Gabon ou du Sénégal.

D'abord, ils mangent presque tous du bœuf, car, à raison de 0 fr. 50 le kilog., il faut être bien pauvre pour ne pas pouvoir acheter un morceau de viande de temps en temps, puis du poisson, du riz délicieux de Nossi-Bé et en grande quantité.

Quant à leur cuisine, elle n'a rien de particulier, il n'y a pas de plat national.

Le bœuf est bouilli ; le poisson grillé ou cuit en carri, c'est-à-dire bouilli avec du piment ; le riz cuit à l'eau.

Ils ont pris les habitudes des créoles de la Réunion, c'est-à-dire qu'avec tous ces mets, ils ont toujours un plat de *brèdes* qui se compose d'herbes bouillies à grande eau avec du piment, et un peu de lard, les jours de richesse.

Tout créole et tout Malgache ne pourrait manger s'il n'avait à côté de lui son riz et ses brèdes nageant dans une sauce très allongée.

Ces brèdes se composent de jeunes pousses de giraumon, de feuilles tendres de patates et d'autres plantes appelées brèdes morel, etc.

L'Européen vit bien à Madagascar, et à assez bon compte ; le bœuf est pour rien, le poisson assez bon et peu cher également, les poulets s'engraissent facilement avec le maïs et le riz du pays.

Il n'y a que les produits de France, tels que vin, épiceries, charcuterie qui soient chers.

Les légumes font surtout défaut ; pendant trois mois de l'année, l'on arrive à avoir d'assez belles salades, quelques choux, carottes, etc., mais les grandes pluies arrivent et adieu tout légume. Il faut se rabattre sur les fayols, lentilles sèches ou pommes de terre de Maurice.

Les fruits sont mal cultivés ; les ananas sont mangeables, mais les mangues ne sont pas greffées, les sapotilles pierreuses, les bananes seules, comme dans toutes les colonies, forment la base du dessert.

ETHNOGRAPHIE

La race malgache est noire, assez fortement constituée, mais sans belles proportions ; les cheveux crépus, les lèvres lippues et le nez épaté, comme les noirs du Congo. Mais hommes et femmes sont bien moins solidement charpentés que les nègres de la côte du Gabon, du Congo et de Guinée.

Si le type malgache est assez laid, les vêtements qu'ils portent n'aident pas à faire ressortir le peu de charmes qu'ils peuvent posséder.

Les hommes sont vêtus de deux façons : quelques-uns d'un pantalon et d'une veste courte en toile blanche ; la plupart s'entourent les reins d'une grande pièce d'étoffe qui descend jusqu'aux pieds, ou vont le torse nu, ou portent une petite veste ou une chemise dont les pans tombent par-dessus leur lamba.

La tête nue, ou recouverte d'un chapeau de paille de Madagascar.

Les femmes ont toutes cette même grande pièce d'étoffe de pagne, nouée autour des reins et tombant à terre. Le torse, chez elle, est emprisonné dans le canezou qui serre la taille, les bras et les seins comme une brassière, en laissant à nu une bande de peau entre ce canezou et le pagne ; les riches ont une chemise de toile le dimanche.

Les cheveux sont tressés en une infinité de petites mèches qui leur fait une tête ébouriffée ; bien entendu, ces cheveux sont enduits d'huile ou de pommade de basse qualité.

Au cou, des colliers de corail et les pieds nus ; voilà tout le costume.

RELIGION ET MŒURS

La religion des Malgaches est l'idolâtrie ; ils n'ont pas de prêtres, mais bien des féticheurs qui sont de vulgaires empoisonneurs ; ils ont le culte des morts et croient à une vie future. Depuis l'occupation, un grand nombre ont été élevés dans la religion chrétienne par les sœurs ou les pères maristes. Malgré cela, ils sont restés féticheurs et, hélas, sans morale aucune. La polygamie existe chez eux, ou plutôt ils changent de femmes selon leur désir ; c'est une race sans morale et sans énergie.

L'indigène est très paresseux ; les pêcheurs sont composés en grande partie d'Anjouanais et de Zanzibaristes, les travailleurs des champs presque tous Maquois ; les domestiques, ouvriers, petits employés créoles, de Bourbon. Le Malgache ne fait rien ou presque rien.

Autour de sa case, il entretient quelques cochons et volailles qu'il vient vendre en ville ou aux navires ; il a presque toujours un champ de riz qui suffit à sa consommation. Sorti de là, il ne faut rien lui demander.

Sur la Grande Terre également, le Malgache ne s'occupe que de son champ de riz et de la guerre qu'il fait avec son éternel ennemi, le Howa, et cela avec un mauvais fusil de traite et une zagaie.

Les femmes s'occupent un peu plus : d'abord des soins du ménage et des plantations, puis beaucoup sont policées ; avec de la glaise rouge du pays, elles confectionnent des plats et des gargoulettes d'un assez joli modèle.

Enfin, avec des fils d'aloès, elles tissent des rabanes qui servent de rideaux, d'enveloppes à matelas et même de vêtements.

Les produits de Nossi-Bé sont plus restreints que ceux de la Grande Terre.

Il y a encore dix ans, l'on récoltait d'excellent café ;

mais, comme dans nos autres colonies, la maladie a envahi cet arbrisseau et maintenant, à part quelques essais de vanille, l'on ne plante plus que de la canne.

Presque tout le sucre brut produit par la petite colonie, environ 2,000 tonneaux, s'exporte dans l'Inde par des boutres indiens d'Ambanourou, et le sucre blanc en Australie par les paquebots de Bourbon.

Deux ou trois voiliers seulement, par an, viennent charger pour la France et encore complètent leur chargement à Madagascar.

Le tafia fabriqué avec les mélasses se consomme sur place.

Des maisons françaises et allemandes exportent également en Europe, mais ce sont des peaux de bœufs, des bois précieux, du caoutchouc, de la gomme copal, de l'orseille, du cristal de roche ; à part les peaux de bœufs, tous ces autres produits proviennent de Madagascar.

Ces négociants, ainsi que les Indiens d'Ambanourou, préfèrent avoir leurs comptoirs à Nossi-Bé, où le chargement à bord des vapeurs et des boutres se fait plus facilement et où ils sont en sécurité ; mais tout leur commerce d'échange se fait avec la Grande Terre, où ils ont un grand nombre de petits dépôts.

En somme, Nossi-Bé a vécu, grâce à son autonomie, à la présence des négociants et des navires de guerre, mais l'avenir d'un pays aussi petit est nul ; ce sera toujours un lieu d'abri et de passage, mais lorsque le nord de Madagascar nous appartiendra, comme je le souhaite et l'espère, et qu'un grand courant de commerce s'établira entre la grande île et le reste du monde, l'on ne pensera plus au petit Nossi-Bé, qui pourtant aura été le berceau de notre grande colonie.

CAMPAGNE DE MADAGASCAR

PRÉLIMINAIRES

Avant de terminer cet aperçu rapide de la physionomie de Nossi-Bé, je ne crois pas devoir passer sous silence l'histoire de l'expédition de Madagascar, à laquelle, à mon grand regret, je n'ai pas pris une part active, mais qui s'est déroulée sous mes yeux.

L'on sait qu'à diverses reprises, et cela depuis Richelieu, des expéditions avaient été projetées contre Madagascar qui était reconnue comme terre française.

Flacourt raconte les premières expéditions de Pronis ; Port-Dauphin fut pris en 1643, l'amiral de la Haye, plus tard, s'empara de Foule-Pointe et de Tamatave ; mais jamais ces expéditions n'ont été poussées à bout.

Celle-ci aura-t-elle un meilleur sort ?

Voici la cause des dernières hostilités : les Howas avaient abattu des drapeaux tricolores arborés sur diverses parties de la baie de Passandava et les avaient remplacés par des pavillons blancs howas.

Le commandant Le Timbre fit immédiatement renverser ces pavillons howas et força le gouvernement d'Emyrne à nous payer une rançon.

Après les faits et gestes du commandant Le Timbre, nous pensions tous que la France serait forcée de déclarer la guerre au gouvernement howa. L'ambassade grotesque que la reine Ranavalo avait envoyée à Paris ne pouvait en rien retarder ses décisions.

Seulement, le commandant Seignac, gouverneur de Nossi-Bé, le commandant Le Timbre lui-même, et nous tous, nous nous demandions dans quel sens la guerre serait déclarée et surtout poussée.

Voudrait-on en finir une fois pour toutes avec cette question de Madagascar, pendante depuis plus de 200 ans ; donnerait-on satisfaction aux désirs des colons de la Réunion, de Nossi-Bé et des côtes de Madagascar ?

Alors, nous le savions, le commandant Seignac l'avait écrit à satiété : il n'y avait qu'une chose à faire, envoyer au plus vite une colonne de 3,000 hommes qui se serait adjointe : les compagnies créoles de la Réunion, les Sakalaves et Antankares armés ou devant servir de porteurs, et pousser droit sur Tananarive, traiter avec les Howas, leur imposer notre protectorat sur la plus grande partie de l'île et occuper, à titre de colonie acquise, la partie nord.

Cette combinaison donnait satisfaction à tous les intérêts et enterrait à jamais cette question irritante de Madagascar.

D'un autre côté, nous savions la France engagée dans deux nouvelles expéditions : Tunisie et Tonkin, nous avions comme le triste pressentiment que celle de Madagascar aurait à souffrir des deux premières.

Nous n'aurions jamais cru, à ce moment, par exemple, qu'elle devait aboutir d'une façon si piteuse.

Enfin, le petit gouvernement de Nossi-Bé avait fait son devoir :

Son commandant en ouvrant les yeux au ministère français ; les chefs de service en ayant eu le soin de mettre au plein les approvisionnements.

Les parcs à charbon étaient bondés de combustible, les magasins des vivres remplis, les caisses du Trésor bien approvisionnées et pouvant faire face à tous les aléas.

Nous attendions les événements de pied ferme.

OUVERTURE DES HOSTILITÉS

Le 30 avril 1883, la frégate la *Flore*, battant pavillon du contre-amiral Pierre, commandant en chef de l'Océan Indien, mouillait sur la rade d'Hell-Ville et saluait la terre de 21 coups de canon, rendus coup pour coup par la batterie du plateau.

Le croiseur d'escadre le *Vaudreu.* avait précédé la *Flore* de deux ou trois jours à Nossi-Bé.

La *Pique*, petite canonnière, l'attendait aussi sur rade.

Le 2 mai, un quatrième vaisseau, le *Beautemps-Beaupré*, venait également se ranger en face du *Vaudreuil*.

A part le *Forfait* qui croisait devant Tamatave, et le *Boursaint* qui, sans doute, naviguait dans les mêmes parages, toute la division navale de la mer des Indes se trouvait réunie à Nossi-Bé.

Je vous laisse à penser si notre petit Hell-Ville se trouvait encombré. L'on aurait dit une place de guerre.

Nous avions déjà reçu, depuis deux ou trois mois, une garnison composée d'une compagnie d'infanterie et une section d'artillerie de marine ; les casernes étaient pleines de troupe.

Le matin, le cours de Hell présentait une grande animation; les compagnies de débarquement, avec leurs petits canons de campagne, venaient manœuvrer ; toute la journée ce n'étaient que corvées de soldats ou de marins, se rendant aux approvisionnements.

Nous nous disions : cela va bien et les Howas n'ont qu'à bien se tenir.

La frégate amirale la *Flore* est un grand bateau en bois (croiseur de 1ᵉʳ rang), armée de 24 canons et montée par 480 hommes d'équipage.

Le *Forfait*, magnifique croiseur, 259 hommes d'équipage, armé de forts canons à longue portée.

Le *Vaudreuil*, 7 canons, 160 hommes, le *Beautemps-Beaupré*, même type ; le *Boursaint*, 4 canons, 100 hommes ; la canonnière la *Pique*, qui venait de faire brillamment l'expédition de Tunisie (Sfax), 50 hommes, 2 gros canons.

Le 6 mai 1883, à 3 heures du matin, sans dire gare, la *Flore* appareille.

J'avais été réveillé vers une heure du matin, dans ma paillote en feuilles de ravenal que j'habitais, par les allées et venues des hommes venant chercher le pain (la boulangerie touchant à ce que j'appellerai pompeusement ma maison) et j'avais été obligé, sur la demande de l'amiral, de me rendre au Trésor, pour remettre cinquante mille francs de fonds de prévoyance au commissaire de division ; je n'avais donc pas été surpris de ne pas trouver la *Flore*, le lendemain matin, sur rade.

Le 8, le *Vaudreuil* et le *Beautemps-Beaupré* s'éloignent aussi dans la nuit et s'enfoncent dans la baie de Passandava.

Pendant toute la matinée du 9 mai nous entendîmes une forte canonnade, mêlée de feux de salve vers différents points de la baie. Il était évident que les bâtiments de guerre français bombardaient les forts howas disséminés en face de Nossi-Bé. Nous avions bonne envie de nous rendre sur les lieux mêmes du bombardement, mais il fallait rester à son service. Quant à moi, qui avais assisté au siège de Paris, ce bombardement me semblait un peu maigre.

Pendant toute la nuit, nous vîmes de grands feux s'élever sur la côte howa, du côté d'Anpassimène et d'Ambaritèle.

La *Pique* est en vue au large qui manœuvre.

Des Maquois arrivent en boutre le lendemain de la Grande Terre, et nous disent que l'on a bombardé Amboudimadirou et d'autres villages, que les troupes françaises sont descendues à terre et ont tout brûlé.

Les Howas, disent-ils, ont déguerpi au plus vite, sans se défendre et oublient parfaitement l'ordre de la Reine, qui leur enjoignait de vaincre ou de mourir.

BOMBARDEMENT ET DESTRUCTION DES FORTS HOWAS
DANS LA BAIE DE PASSANDAVA

Nous avons des nouvelles précises de la *Pique.*

Dans l'après-midi du 9 mai, le patron d'un boutre de Zanzibar arrive d'Amboudimadirou et confirme les nouvelles données par les Maquois.

Il nous raconte qu'il était en train, avec deux autres boutres, de charger du riz, quand un bateau de guerre français s'est présenté devant le fort howa. Le navire a tiré seulement deux coups de canon et immédiatement les soldats howas se sont sauvés dans l'intérieur, emmenant avec eux les Maquois.

Puis une section de débarquement est descendue à terre, a détruit les ouvrages et brûlé tout ce qui était case howa.

Les braves gens des boutres, braves Arabes de Zanzibar, voyant qu'il était question de coups de fusil, déguerpirent au plus vite et, ajoutent-ils, vinrent à Nossi-Bé, attendre des temps meilleurs.

Voilà qui va bien, l'issue de la campagne n'est plus douteuse, si l'on veut la pousser à fond contre des troupes pareilles, mal armées et sans discipline.

Oui ! mais voudra-t-on pousser à fond ?

Ce qu'il y a de fâcheux dans le racontar du Zanzibar, c'est qu'il nous est prouvé que, en se retirant, les Howas emmènent les Maquois avec eux dans l'intérieur.

Ces Maquois, provenant de la côte ferme d'Afrique et de la province de Mozambique, sont d'anciens engagés des propriétaires sucriers de Nossi-Bé ; ils se sont sauvés sur la Grande Terre (se sont faits Marrons, comme l'on dit) ; les Howas s'en servent comme esclaves et les mènent très durement.

Ces imbéciles de Maquois ont lâché la proie pour l'ombre

en abandonnant le travail assez peu pénible, pour eux, d'une plantation où, somme toute, ils étaient nourris et rétribués, pour aller se jeter dans les mains des Howas qui ne leur donnent qu'un peu de riz, contre un travail très pénible et ne les lâchent plus.

Les planteurs manquent de bras ici, et ils comptaient bien que les navires de guerre leur rendraient leurs travailleurs, qu'ils ont payés du reste; c'est un premier désappointement.

Le 9 mai, le transport la *Nièvre*, qui arrive de France avec des troupes, vient prendre le courrier et sans permettre à un seul homme (à part le commandant) de descendre à terre; puis le sac des dépêches pris, la *Nièvre* repart immédiatement.

Nous restons toujours sans nouvelles officielles.

Le 13 au soir, le *Beautemps-Beaupré* apparaît dans le fond de la baie de Passandava et vient mouiller en rade d'Hell-Ville, tout le monde se précipite sur la jetée.

Cette fois, nous serons renseignés, car nous voyons les canots se détacher du bord et venir à terre.

Effectivement, le *Beautemps-Beaupré* doit faire du charbon et, grave nouvelle, prendre avec lui l'infanterie et l'artillerie de marine de Nossi-Bé.

Le médecin-major vient dîner à notre gamelle et nous raconte les événements du commencement de cette campagne. Il nous explique que, par les ordres de l'amiral, chaque navire devait bombarder un fort ou une ville howa, brûler les maisons, en respectant les cases des Malgaches et des Indiens, et prendre comme contribution de guerre tout ce qui appartiendrait aux Howas; enfin, chasser ces derniers de tout le littoral, afin de nettoyer de cette vermine toute la baie de Passandava.

Tout s'est bien passé et les ordres de l'amiral exécutés de point en point.

Le *Vaudreuil*, après un court bombardement, s'est emparé d'Ampassibitiki et sans grand'peine; les Howas se sont sauvés dans l'intérieur.

La *Pique* et le *Beautemps-Beaupré* avaient à accomplir une mission plus difficile : après avoir bombardé les villes, les équipages devaient s'emparer du fort howa, situé à huit ou neuf kilomètres dans l'intérieur.

Les deux bateaux mettent le feu aux cases ; le lieutenant de vaisseau Compristo, commandant de la *Pique*, prend la direction des compagnies de débarquement.

A 2 heures de la nuit, l'on arme les canots en guerre et, après avoir hâlé avec peine les embarcations à terre, les hommes sautent et grimpent un sentier escarpé. A quatre heures et demie, le camp howa était cerné et se défendait assez bien ; les décharges de Kropatscheks laissent une vingtaine de tués ou blessés sur le terrain, le reste des Howas se sauve.

Le fort est détruit et, de notre côté, nous n'avons à regretter que la mort d'un second maître, atteint d'un coup de sagaie.

Après un commencement de pillage, par nos alliés les Malgaches, vite réprimé, les cases ennemies brûlées, les compagnies de débarquement rentrent à bord, enchantées de leur petite expédition.

Le *Boursaint*, de son côté, bombarde et brûle plusieurs villages et forts.

La frégate avait gardé pour elle le gros morceau.

Son objectif était Mouroun-Sang. Cette ville, située sur la côte ouest de la presqu'île de Bavatou-Bé, est bâtie en haut d'un rocher dont l'accès est très difficile.

Elle est gardée par une suite de palissades construites, avec de gros poteaux de bois et défendue par 150 ou 200 soldats howas et 6 à 10 mauvais canons.

Le tir commence à 3,000 mètres, les premiers obus passent au travers des bois énormes, les pieux sont seulement brisés, mais les ouvrages restent. L'on rectifie le tir et l'on pointe au pied même des palissades. Les obus font voler d'énormes quantités de terre et, au bout d'un certain temps, les palissades sont démolies.

Les compagnies de débarquement sont immédiatement

lancées en colonnes d'attaque ; grimpent avec enthousiasme le chemin à pic et s'emparent des ouvrages.

Les canons sont pris et pas mal de Howas périssent dans cette attaque.

Après la prise de Mouroun-Sang, toute la baie de Passandava se trouvait déblayée, les forts semés le long de ses rives détruits et l'ennemi en fuite de toute part.

Ce beau résultat était obtenu avec des pertes insignifiantes de notre côté et grâce à la supériorité de notre artillerie et la discipline parfaite de nos marins.

Après avoir détruit les forts howas entourant Nossi-Bé, et pensant qu'il pouvait laisser cette colonie à sa propre défense, l'amiral se décida à frapper un grand coup.

Les deux ports principaux de Madagascar étaient : Majunga, sur la côte nord-ouest, faisant, au moyen d'un grand nombre d'Indiens qui habitaient cette ville, un commerce considérable avec la côte de Mozambique et l'Inde (principalement avec Bombay); et sur la côte est Tamatave. Ces deux ports étaient les vaches nourricières de Tananarive et fournissaient à la cour d'Emyrne la plus grande partie des droits de douane.

En chassant les guerriers howas de ces deux postes, on coupait les vivres au gouvernement ennemi.

Après s'être reposé quelques jours à Nossi-Bé, l'amiral Pierre enjoint au *Beautemps-Beaupré* de prendre à son bord la garnison de notre île et donne l'ordre à tous ses autres bateaux de guerre de rallier et d'être en face de Majunga le 15 mai.

L'amiral pourra rassembler la *Flore*, le *Beautemps-Beaupré*, le *Vaudreuil*, le *Boursaint*, la *Pique*, l'infanterie et l'artillerie de marine de Nossi-Bé, avec 4 à 6 canons de montagne.

D'un autre côté, il envoie à Tamatave, le *Forfait*, la *Nièvre*, avec deux compagnies d'infanterie de marine.

Avec ces forces imposantes, vis-à-vis celles des Howas, l'amiral est sûr du succès.

A 10 heures du soir, nous conduisons, pour les voir

embarquer, nos braves soldats d'infanterie de marine et la section d'artillerie.

L'infanterie, sac au dos casque en tête recouvert d'étoffe noire, pantalon et veste bleu foncé, a très bonne tournure et produit un effet saisissant, toute sombre, alignée sur la jetée éclairée par la lune.

L'artillerie amène avec elle deux obusiers de montagne.

Une bonne poignée de mains à nos camarades les officiers et bonne chance à tous. Le *Beautemps-Beaupré*, qui attendait sous vapeur, part à 1 heure du matin.

La rade d'Hell-Ville reste vide, vides aussi les casernes et les rues d'Hell-Ville, naguère si mouvementées.

Nous rentrons à notre travail en attendant les événements.

PRISE DE MAJUNGA

21 mai. — Nous commençons à être, je ne dirai pas inquiets, mais agacés, toujours pas de nouvelles.

Le bombardement de Majunga devait avoir lieu, selon nos prévisions, le 15, et rien n'a transpiré.

En nous réveillant, le lundi 21 mai, nous voyons, ancré sur rade le *Boursaint*; vite, l'on va aux nouvelles.

Hourra ! Vive la France ! Tout est pour le mieux. Voici ce que nous apprenons : après les sommations d'usage, fièrement repoussées par le gouvernement de Majunga (c'est tout ce qu'il a pu repousser, du reste), l'escadre est entrée dans la baie de Bombétok et s'est embossée en face de Majunga.

La ville se trouve sur la partie nord de la baie et, présente d'abord le fort ou palais du gouverneur, assez bien armé, puis la ville en contre-bas.

L'escadre mouille dans l'ordre suivant : 1° et touchant à la mer, le *Vaudreuil*, puis le *Beautemps-Beaupré*, la

Flore au milieu, le *Boursaint* et enfin la *Pique*, plus enfoncée dans la baie, comme calant moins.

Les Howas devaient avoir de 12 à 1,500 soldats dans les forts et du canon.

Au commencement du bombardement, ils ont essayé, mais en vain, de lutter avec notre artillerie, plusieurs de leurs boulets tombent à bord de nos vaisseaux; mais au bout d'une heure, les gros canons de la marine avaient détruit le fort de fond en comble, la maison du gouverneur était en feu, les palissades brisées et les Howas en fuite.

L'amiral fait immédiatement occuper les positions abandonnées, rétablir les redoutes, les arme, puis laisse sur ces débris une garnison composée de marins d'infanterie et d'artillerie de marine.

L'on doit au plus vite entourer la ville de défenses, créer des blockhaus.

Enfin, une garnison française occupe Majunga et le drapeau tricolore flotte pour la première fois sur les ruines du fort.

Avant de partir pour Tamatave, l'amiral lance une proclamation dans laquelle il dit : Majunga est territoire français, les droits de douane seront payés aux autorités françaises (c'est moi que cela concerne) ; tout bateau ou boutre qui voudra entrer et commercer ne pourra le faire que par l'intermédiaire des autorités françaises. — Le commandant du *Vaudreuil* est nommé provisoirement commandant des possessions françaises à Madagascar.

Deux jours après, le commissaire d'escadre me versait l'argent saisi à Majunga et se composant en grande partie de morceaux de pièces de 5 francs découpées. Cela me constituait une singulière encaisse; mais à la guerre comme à la guerre. L'argent pris sur l'ennemi, même en morceaux (je parle de l'argent), est toujours bon.

Voilà un grand pas de fait, et une ville acquise. Pour combien de temps ?

Tout est fait, et tout reste à faire pour mener à bonne fin cette brillante conquête.

A la fin du mois, toute l'escadre repasse par Nossi-Bé, se refait un peu, prend du charbon, des vivres, des fonds de prévoyance au Trésor, dépose à l'hôpital militaire ses malades, assez nombreux, car la fièvre de Madagascar commence à exercer ses ravages dans les rangs, et file sur Tamatave.

Nous restons sans nouvelles jusqu'au 19 juin, sachant seulement que l'intention de l'amiral Pierre était de bombarder Tamatave le 15 juin.

PRISE DE TAMATAVE

Le 19, le vapeur *Touareg*, de la maison Roux et Fraissinet, arrive à Nossi-Bé après avoir passé en vue de Tamatave.

Et voici ce que nous apprenons : la *Flore*, le *Forfait*, le *Beautemps-Beaupré*, la *Nièvre* et le grand transport la *Creuse*, qui amenait des troupes, ont ouvert le feu contre les forts de Tamatave le lundi 10 juin 1883 au matin.

Il faisait un temps splendide ; à la tête de chaque mât flottait le pavillon de combat tricolore ; le feu très régulier et bien dirigé a réduit en cendres, en peu de temps, tous les ouvrages howas.

Sitôt le bombardement terminé, le *Boursaint* reçoit l'ordre d'aller détruire les forts du sud et de l'est.

Le corps expéditionnaire français s'empare, sans désemparer, de Tamatave, pousse les Howas derrière les marais qui entourent la ville qu'il occupe militairement.

Tamatave est mise en état de siège, 300 hommes en prennent possession et y tiennent garnison.

Les ordres sont sévères ; passé 8 heures du soir, tout Howa trouvé dehors est fusillé ; tout Européen saisi est mis en prison.

Le consul anglais lui-même, pour avoir donné l'hospitalité à des Howas, doit passer en conseil de guerre.

Le méthodiste Schaw, arrêté par le lieutenant Mougin au moment où il faisait verser des breuvages soporifiques dans le vin des soldats, est arrêté et conduit à l'amiral.

Il est regrettable que, pris en flagrant délit, il n'ait pas été fusillé sur l'heure, cela nous aurait évité bien des désagréments et nous eût fait craindre de messieurs les Anglais, but que l'on doit toujours viser.

Le capitaine de frégate de la *Flore* est nommé commandant de Tamatave et les droits de douane perçus au profit du Trésor français (encore un petit surcroît de besogne et de responsabilité pour moi, et sans rénumération ; mais, je demande, pour le bien de mon pays, d'être chargé de dix fois plus de besogne pareille).

Nous aurons demain le transport la *Creuse* qui nous donnera des renseignements plus complets.

Le beau transport la *Creuse* arrive le 24 et semble un géant dans notre petite rade, car il mouille tout proche de terre.

Ses renseignements corroborent ceux qui nous ont été fournis par le *Touareg*.

Les six navires de guerre français ont ouvert le feu contre Tamatave après avoir éloigné du lieu de l'action le seul navire de guerre anglais la *Dryad* qui se trouvait sur rade ; ces bons Anglais n'auraient pas été fâchés de nous voir subir un échec et, hélas ! ce n'aurait pas été le premier subi en face de cette ville maudite de Tamatave.

Le fort a été vite réduit au silence et brûlé ; les Howas se sont alors réfugiés dans un fort plus éloigné, mais un tir à longue portée (6,000 mètres) et bien dirigé les a forcés d'abandonner leur dernier abri.

Huit cents hommes de débarquement ont été lancés sur la ville qui a été occupée.

Les maisons européennes et cases malgaches respectées et toutes les cases howas brûlées, le Trésor saisi (toujours des morceaux de pièces de 5 francs).

Malgré ces échecs successifs, la Reine, ou plutôt le gouvernement howa ne veut toujours pas traiter.

L'expédition militaire de la marine peut être considérée comme terminée.

Tous les forts que possédaient les Howas sur les côtes de Madagascar sont détruits, leurs garnisons tuées ou repoussées dans l'intérieur.

A la France de mener à bonne fin cette expédition si brillamment conduite.

Des troupes de terre seules peuvent s'avancer dans l'intérieur et dicter les conditions de paix à Tananarive même.

Pour le moment, la marine n'a qu'à se tenir ferme dans tous les points occupés, repousser les retours des Howas, bloquer, au moyen de ses croiseurs, tous les ports, afin d'empêcher l'ennemi d'être approvisionné de vivres et de munitions par nos amis les Anglais, et paralyser toutes transactions.

Ce n'est pas une petite ni facile besogne, sur une mer houleuse et mauvaise.

L'on doit se montrer doux vis-à-vis des indigènes malgaches et se les attirer.

La *Creuse* repart le 28, après nous avoir laissé la proclamation de l'amiral Pierre et 4 canons pris sur les Howas à Mouroun-Sang et Tamatave, canons qui vont orner la place d'Hell-Ville.

Voici la proclamation :

Tananarive, 14 Juin 1883.

ORDRE,

Officiers, Equipages et Soldats!

Un arrogant ennemi avait osé défier nos armes en refusant à la France les plus légitimes satisfactions.

Dans l'espace d'un mois, vous avez pris, détruit tous les établissements howas sur le littoral des deux côtes de Madagascar.

Vous occupez Tamatave et Majunga, sources principales de la prospérité commerciale et financière de l'ennemi, et vous vous y maintiendrez contre toute attaque.

Ces résultats sont dus à l'activité de la division navale, je l'en félicite.

Il reste à chasser l'ennemi de quelques retraites où il est retranché dans l'intérieur des terres. Vous saurez l'y atteindre.

La *Creuse*, qui n'est restée avec nous que quelques jours, nous laissera le souvenir de sa promptitude à surmonter toutes les difficultés pour nous faire part de toutes ses ressources.

Elle a dignement occupé sa place au feu, témoignant ainsi que c'est à sa manière de servir que l'on reconnaît le véritable bâtiment de guerre et non pas à sa coque.

Nombre de militaires, passagers sur ce transport, ayant accompli leur temps de service colonial, se sont proposés pour renforcer les garnisons de l'occupation, en renonçant à leur retour en France. Honneur aux braves soldats qui font volontairement ce sacrifice au drapeau de la patrie !

La *Nièvre* a rivalisé d'ardeur avec la division navale.

Officiers, équipages et soldats ! au nom de la France, dont vous soutenez les droits, je vous remercie tous.

Contre-Amiral PIERRE.

Brave amiral Pierre ! ce qu'il ne disait pas, ce qu'il ne pouvait pas dire, c'est que c'était grâce à son énergie et à son patriotisme que cette expédition avait été menée si vite et si bien.

Sa mort a été une grande perte pour la marine et pour la France. Quant à l'expédition de Madagascar, certainement, avec un soldat aussi énergique, elle se serait terminée d'une autre façon, si la mort ne l'avait pas enlevé à nos espérances.

Nous pensions tous, en face de ces brillants faits d'armes, que la France, cette fois, ne laisserait pas échapper l'occasion et qu'elle ferait le nécessaire pour la conquête définitive de la nouvelle colonie.

Maintenant une période de demi-paix est arrivée; l'on attend les nouvelles et les ordres de France.

Nous sommes en relations fréquentes avec Tamatave et Majunga.

Les Howas sont décidément vexés de voir qu'on leur a pris Tamatave, port de commerce important et qui leur donnait de forts droits de douane. Ils souffrent de toutes les misères et ne voient pas la fin de cette lutte.

Certainement, si la Reine et les ministres n'étaient pas incités par les missionnaires anglais et protestants, le parti de la guerre serait bien faible.

De temps en temps, l'*Argo*, ou des navires de guerre de l'expédition passent et s'arrêtent à Nossi-Bé.

Ils nous apprennent qu'à trois reprises différentes, et dans l'espace de dix jours, les Howas sont revenus à la charge.

D'un camp retranché, situé á cinq kilomètres de la ville, ils ont lancé des colonnes de 1,000 à 2,000 soldats et, cette fois-ci, armées de Sniders.

Reçus par un feu vif de mousqueterie, ils ont été forcés de se replier, en laissant un grand nombre de morts. De notre côté, un soldat tué.

Le 20 juillet, la *Nièvre* revient de Majunga, elle a relevé la garnison, laissé des troupes fraîches, et ramène à Nossi-Bé notre ancienne garnison qui a pris et occupé le fort de Majunga.

Ces pauvres soldats font peine à voir ; ils sont hâves, décharnés, rendus. Sept à huit descendent à terre, portés en fitacon, tant la fièvre les a minés ; les autres se traînent.

Il paraît, d'après leur dire, qu'on les aurait fait travailler constamment au soleil, à la reconstruction du fort et des redoutes, pendant que les marins restaient à bord et que l'on avait les habitants de Majunga sous la main qui auraient pu être réquisitionnés. Cinq à six sont morts et parmi eux un lientenant ; il est à craindre que deux ou trois de ceux que l'on ramène ne succombent.

Pendant cette période d'établissement des troupes sur les côtes de Madagascar, nous ne sommes pas très rassurés à Nossi-Bé.

En face de nous, se trouvent Ampassibitiki-Mouroun-Sang Amboudimadirou ; les Howas, voyant que ces points n'ont pas été occupés après le bombardement, reviennent en force et, tous les jours, attaquent les Sakalaves.

Nous expédions des armes et des munitions à nos alliés, l'on nous a également distribué à tous des fusils gras, et nous sommes prêts, mais, si les Howas, qui commencent à savoir se servir des armes de précision tombent sur nous à deux ou trois mille, je ne sais pas ce que nous deviendrons.

Pendant une nuit, déjà, un des petits canons qui servent à faire les saluts et placés sous les fenêtres de la maison du gouverneur a été enlevé.

Tous les jours, les Sakalaves et Howas se battent et nous apprenons assez souvent qu'un ou plusieurs de ces braves gens ont été tués. Ils demandent des renforts.

La situation ne peut pas durer, il faut absolument une garnison à demeure pour assurer la tranquillité de notre île.

Pendant cette période, un événement douloureux a lieu. L'amiral Pierre, qui a si bien commencé cette campagne, est obligé de se rendre à la Réunion soigner sa santé très éprouvée. Et, toujours plus faible, sentant sa fin venir, il rentre en France et meurt pendant la traversée. C'est une grande perte.

Il est remplacé, d'abord par l'amiral Galiber qui rentre en France après l'incendie de la *Flore*, son bateau-amiral, gravement atteint ; puis, par l'amiral Miot, nouvellement promu pour sa belle conduite pendant l'expédition de la Tunisie. C'est lui qui a conduit à terre et mené à l'assaut de Sfax les compagnies de débarquement. Le cigare aux lèvres, calme sous les balles, il est entré le premier dans la brèche. Nous espérons qu'avec un brave à trois poils de ce genre, la guerre de Madagascar va être rondement menée.

Entre temps, M. Seignac, notre commandant supérieur, est nommé gouverneur du Sénégal et remplacé par le commissaire de marine Le Maître.

M. Seignac avait attaché le grelot, et c'était en partie sur ses instigations et renseignements que l'expédition de Madagascar avait été résolue.

Il s'en va au moment où l'on peut bien augurer de l'issue de cette campagne.

L'amiral Miot, après avoir fait construire à Tamatave des blockhaus et des casernements pour les troupes de la garnison, vient à Nossi-Bé, avec la frégate la *Naïade*.

Nous lui fûmes présentés et il nous assura, dans un beau discours, qu'il consacrerait sa vie, s'il le fallait, à la réussite de l'expédition.

Son passage fut l'occasion de grandes fêtes données aux rois et reines, nos alliés ; je n'ai jamais vu rien de plus magnifique.

Au jour fixé, l'amiral Miot et son état-major, le commandant de Nossi-Bé et les autorités militaires et civiles, devaient recevoir solennellement ces souverains et leurs escortes.

Depuis le bas du cours de Hell, à l'abri sous ses manguiers magnifiques, les marins et l'infanterie de marine, tous en grande tenue, formaient la haie.

Dans le jardin du gouverneur, nous attendions tous, également, l'arrivée de nos alliés.

A 8 heures du matin, la première pirogue du roi Tsialane, qui venait de Nossi-Mitsiou, débouquait entre Nossi-Comba et la Grande Terre. Au même moment, du fond de la baie de Passandava, arrivaient les pirogues de la reine Binao et du roi Mounza.

En peu de temps, une grande partie de cette baie magnifique, encadrée par les hautes montagnes de Madagascar, fut couverte de centaines et de centaines de pirogues, toutes faisant rage, au moyen de décharges de fusils, de petits canons et de tams-tams.

Arrivés au pied de la jetée, les Malgaches mettent pied à terre et se forment en une longue colonne.

Puis, spectacle magique, juste en face de nous, sous les arceaux des palmiers, cette colonne se met en marche.

En tête, et revêtues de simbous et de pagnes en soie, bien groupées, viennent les femmes et sujettes de Tsialane.

Elles battent des mains avec ensemble et chantent les hauts faits du roi Tsimiare, père de Tsialane. Le soleil fait briller toutes ces couleurs voyantes.

Puis, un groupe compact de guerriers antankares, tous armés de fusils dont la batterie est cachée par une peau tannée et peinte en rouge.

Ce sont des hommes superbes et de fière allure.

Derrière, entouré de ses ministres et de centaines d'hommes armés de sagaies, le roi Tsialane, porté sur un trône.

Il est vêtu d'une grande dalmatique en soie lamée d'or, un magnifique turban est roulé autour de sa tête et, dans sa ceinture, est passé un superbe poignard en or.

Derrière le cortège de Tsialane, celui de la reine Binao, charmante sur son trône et revêtue de magnifiques pagnes, couverte de bijoux en or.

Elle est aussi précédée de femmes et de guerriers saka-laves et entourée de ses sujets armés de sagaies.

Enfin, semblable cortège pour le roi Mounza.

Non, il n'est pas possible de dépeindre un tel spectacle ; c'est un ravissement.

Tout cela monte lentement et en bon ordre, en faisant miroiter au soleil toutes les couleurs de l'arc-en-ciel.

La basse des tams-tams est accompagnée par les chants aigus des femmes.

Tous ces Antankares et Sakalaves se rangent, sous les yeux émerveillés des troupes et se massent sur le cours de Hell, entouré lui-même par la population si bigarrée de Nossi-Bé et composée de Malgaches, d'Arabes, d'Anjouanais et d'Indiens qui, tous ont revêtu, pour la circonstance, leurs plus beaux et plus voyants vêtements.

Les rois et la reine Binao seuls entrent au Gouvernement et, immédiatement, le palabre commence.

L'amiral Miot souhaite la bienvenue aux chefs qui, l'un après l'autre, expliquent combien ils ont eu à souffrir des Howas. Ils ont été chassés par eux de leur sol, ont vu leurs frères, parents et sujets traqués et tués par ces Howas auxquels ils ont juré une haine mortelle.

C'est avec un profond sentiment de conviction qu'ils se sont donnés et se donnent à la France. Que celle-ci dise un mot, et ils sont prêts, tous, rois en tête, à marcher à l'ennemi s'ils se savent soutenus par l'armée française.

Ainsi mis en demeure, l'amiral Miot est obligé de s'exécuter et assure qu'en effet, ils peuvent compter sur le soutien de la France ; qu'elle n'abandonnera jamais les Antankares, Sakalaves et Malgaches alliés ; que lui, amiral, il est résolu à chasser et poursuivre les Howas jusque dans leur dernier retranchement.

On se sépare les meilleurs amis du monde et, après des fêtes magnifiques, toute cette suite de chefs et de Malgaches rentre chez elle.

Sous peine de forfaire à sa parole, l'amiral Miot vit bien qu'il fallait agir.

Il avait reçu, par malheur par petits paquets, mais enfin, avait reçu et avait à sa disposition en ce moment :

8 compagnies d'infanterie de marine ;
4   —   de créoles de la Réunion ;
4   —   de fusiliers marins (superbe bataillon du commandant Laguerre et qui venait de se couvrir de gloire au Tonkin) ;
1 batterie d'artillerie de marine ;
1 section de gendarmerie à cheval ;

enfin 2 ou 300 Antankares ou Sakalaves et Maquois armés de fusils, ayant appris la manœuvre avec des sous-officiers français et commandés par un lieutenant de vaisseau.

Ajoutez à toutes ces forces les compagnies de débarquement des dix à douze bateaux de guerre qui se trouvaient à Madagascar, vous aurez un contingent suffisant pour battre les Howas.

Ces troupes se trouvaient dispersées à Tamatave, Nossi-Bé et Majunga.

Pour assurer la tranquillité de la baie de Passandava et le ravitaillement de l'escadre à Nossi-Bé, l'amiral commença par faire occuper militairement Amboudimadirou et à y faire construire un fort solide en forme de blockhaus.

Il y laissa, sous le commandement du capitaine d'artillerie Lebrun, une belle compagnie d'infanterie de marine à la tête de laquelle se trouvait le capitaine Pennequin et une section d'artillerie commandée par un garde de génie (Villiaume).

Une petite canonnière, montée et lancée à Hell-Ville, faisait le service journalier entre Nossi-Bé et Amboudimadirou.

Puis, cela fait, il partit avec trois vaisseaux et deux transports et se rendit à Vohémar.

Vohémar, petite ville, à l'embouchure d'une rivière, est située sur la côte nord-ouest, et il se faisait dans cet endroit un important commerce de bœufs.

Les Howas s'étaient établis solidement dans l'intérieur et occupaient une forte position à Ambaniou.

Le petit corps d'expédition français était composé de deux compagnies d'infanterie, deux compagnies de fusiliers marins, une compagnie de volontaires, les compagnies de débarquement, une demi-section d'artillerie de montagne, vingt gendarmes à cheval et trois à quatre cents Antankares.

La colonne, après une marche oblique par rapport au rivage, et très pénible dans ce pays sans culture et raviné, arriva en vue du grand village d'Ambaniou, bien palissadé.

Les Howas nous reçurent à coups de canons et se défendirent bien, cette fois-ci, derrière leurs palissades.

Enfin, les obus mettent le feu dans les cases en feuilles,

et les Howas, obligés de sortir en rase campagne, sont immédiatement détruits et dispersés par une charge de la gendarmerie.

Les Antankares profitent de suite de l'occasion pour piller et couper la tête ou mutiler les blessés.

Ambaniou est rasé ; un troupeau de trois ou quatre mille bœufs howas saisi et une garnison laissée à Vohémar avec deux bateaux de guerre chargés de surveiller la côte.

Pendant ce temps, le capitaine Pennequin faisait, en avant d'Amboudimadirou, une brillante reconnaissance à dix-huit kilomètres et rentrait au fort en assurant la sécurité dans ces parages.

Le gouverneur de Majunga se décidait également à faire une pointe en avant pour chasser les Howas du fond de la baie de Bombétok, mais cette reconnaissance, mal éclairée et mal conduite, faillit nous coûter cher.

Sans les Maquois qui se battirent bravement, la petite colonne était cernée au moment où elle passait une rivière à gué, et nous fûmes heureux de n'avoir que deux tués et deux ou trois blessés.

FIN DE L'EXPÉDITION

A Tamatave, tout était calme et tout le monde s'étonnait de l'inaction singulière de l'amiral Miot.

Qu'attendait-t-il ? Des renforts ?

Certainement, avec les troupes qu'il possédait, troupes déjà réduites par les fièvres, il ne pouvait pas penser à une marche hardie sur Tananarive. Mais enfin, il se trouvait bloqué par les Howas et cela paraissait étrange.

Quand il connut le vote de l'Assemblée nationale qui, à l'unanimité, votait les crédits demandés pour l'expédition de Madagascar, il se décida enfin à agir.

L'objectif était l'attaque et l'enlèvement des lignes fortifiées de Faraffatte, placées à six ou sept kilomètres de Tamatave, derrière lesquelles les Howas se tenaient en grand nombre.

Mais, hélas ! cette sortie fut encore mal combinée et mal conduite.

Les Howas, dirigés par l'Anglais Villougby, avaient armé ces défenses de canons Krupp, et c'est à coups d'obus que nos troupes furent reçues.

Le gouvernement d'Emyrne n'avait pas perdu son temps; grâce aux Anglais, il se trouvait maintenant bien approvisionné en krupps et fusils à tir rapide.

Qu'il y avait loin de là au commencement de la guerre ! Les Howas, à ce moment, n'avaient que des sagaies et de mauvais fusils. C'est tout ce que nous avions gagné par nos temporisations.

Le corps expéditionnaire fut formé en deux colonnes : la première devait faire un à gauche, se replier sur Faraffatte et l'attaquer de front, pendant que la seconde colonne tournerait la position par la droite.

En sortant de Tamatave, nos soldats trouvèrent des marigots qu'il fallut contourner, et c'est après des fatigues inouïes que la première colonne arrivait en face de Faraffatte.

Là on eut la maladresse de faire ouvrir le feu de l'artillerie à trois cents mètres ; aussi, en peu de minutes, presque tous les officiers et servants furent tués ou blessés.

Nos soldats qui s'étaient très bien conduits, naturellement, furent obligés de se replier et de rentrer à Tamatave sans avoir obtenu le plus petit succès.

A la vue de ce mouvement, la deuxième colonne arrêta sa marche et revint aussi à son campement.

Ce fut la dernière affaire de Tamatave et elle fut assez piteusement conduite.

Quelque temps après, le capitaine Pennequin résolut de marcher en avant et de s'emparer d'un fort hova qui se trouvait à vingt-quatre kilomètres dans l'intérieur, près de Nossi-Bé.

Arrivé au village d'Andampy, il fut assailli par une nuée de Howas.

Il avait avec lui sa compagnie, une partie des troupes de Nossi-Bé et une compagnie de 100 à 150 Maquois.

Mais ses soldats étaient bien aguerris et il les avait parfaitement dans la main.

Il fit immédiatement former sa troupe en carré et mettre ses soldats genou terre ; puis, très froid et inspirant une grande confiance à ses hommes, il reçut les Howas à vingt mètres et par des feux de salve.

Les Howas étaient littéralement fauchés, mais ils arrivaient toujours en grand nombre.

Les feux de salve, presque à bout portant, ne discontinuaient pas et enfin, fous de terreur, laissant des centaines de cadavres derrière eux, les Howas s'enfuirent, pourchassés par les Maquois.

Le capitaine Pennequin était blessé; il fut fait commandant et officier de la Légion d'honneur pour sa belle conduite. Nous n'avions que deux ou trois tués.

Sans le sang-froid de leur chef qui les avait accoutumés à ces pointes en avant, nos soldats eussent subi là de grandes pertes.

Nos braves Maquois s'étaient très bien battus. Après le combat d'Andampy, rien de saillant ne se passait.

De temps en temps, à Majunga, ou ailleurs, l'on faisait une petite reconnaissance, mais l'on savait très bien qu'il fallait attendre des renforts (que l'on pensait recevoir du Tonkin, un comble !) pour aller en avant, ou traiter.

SIGNATURE DE LA PAIX

On sait le reste : malgré sa parole donnée à ses alliés, malgré les brillants faits d'armes du commencement de cette conquête, la France, fatiguée des expéditions coloniales, préféra traiter.

La paix fut faite; nous devions évacuer Majunga, Vohémar et Tamatave, et ne garder que la baie de Diégo-
Suarez.

Les Howas étaient reconnus comme légitimes possesseurs de la terre, et les indigènes, les Malgaches mis sous
la protection des Howas.

De leur côté, les Howas devaient nous verser dix millions comme indemnité de guerre; reconnaître le protectorat de la France sur Madagascar et avoir un résident
français à Tananarive.

Les choses en sont là. Le résident, M. Le Myre de Vil-
lers, homme de grande énergie, fait tout ce qu'il peut
pour que les Anglais n'empiètent pas sur nos préro-
gatives.

Doit-on considérer la guerre de Madagascar comme terminée à jamais?

Je ne le crois pas, et je ne l'espère pas.

Il vaudra mieux en finir une bonne fois dès que nous le
pourrons.

Il n'y a pas à compter sur les Howas; ils nous échappe-
ront toujours et nous seront toujours hostiles.

Ce sont des intrus, tandis que nous, nous avons, depuis
deux cents ans, des droits imprescriptibles sur la Grande
Terre.

Nos compatriotes de la Réunion et de Maurice attendent
avec impatience que l'on puisse leur délivrer les terres
neuves à Madagascar, celles de la Réunion étant épuisées.

L'intérieur de Madagascar est salubre, très salubre;
cette île est riche en bois, en mines, en bestiaux; possède,
en face de Nossi-Bé, dans la baie de Bavatou-Bé, des
gisements de charbons de terre, tout cela est à nous; les
indigènes nous ont appelés et légué les terres de leurs pères.

Qu'attend-on? Et pourquoi mettre en parallèle la suscep-
tibilité des Howas, étrangers sur cette île, et les besoins de
nos alliés les Malgaches et Français de la Réunion?

Ce n'est pas la crainte qui nous arrête! Les Howas, eux-
mêmes, ne le croient pas.

Tour de Belem (Portugal).

Non! cette campagne n'est pas finie et, je l'espère, malgré les esprits contraires, je l'espère pour mon pays, pour les colons de la Réunion, la terre de Madagascar sera, tôt ou tard, terre française.

Que la France le veuille, et nos braves soldats auront vite fait de lui donner ce point, important à tous égards, de l'Océan Indien.

RETOUR EN FRANCE

L'expédition de Madagascar était à peine terminée, que je recevais ma nomination de trésorier particulier de la Martinique et, en même temps, l'ordre d'avoir à rallier mon nouveau poste au plus vite.

Je dis adieu à tous mes bons camarades de Nossi-Bé en leur souhaitant prospérité dans l'avenir.

Je quittai ce petit pays presque avec regret; je savais que son existence était intimement liée avec l'accroissement de la puissance française à Madagascar, car, si l'on avait fait du nord de l'île une colonie, Nossi-Bé aurait été un centre de ravitaillement et d'entrepôt pour longtemps; et, hélas! je voyais fondre toutes mes espérances.

Je m'embarquai, en février 1885, à bord du transport le *Scorff*, commandé par les officiers qui avaient tous été de bonnes connaissances pour moi à leur passage à Nossi-Bé.

Nous nous arrêtâmes à Vohémar où j'avais, de concert avec le commissaire de division de l'escadre, établi une douane sommaire (car avant d'avoir des colons, dans une colonie, la première chose que l'on fait c'est d'établir une administration et des droits de douane).

De là, nous nous rendîmes à Tamatave, pour nous mettre à la disposition de l'amiral.

Après lui avoir rendu ma visite officielle, je pus descendre à terre.

Que de changements depuis deux ans et demi !

La grande rue, toujours sablonneuse, mais sillonnée par un tramway Decauville.

Des troupes françaises dans toutes les grandes maisons abandonnées par les négociants et à l'entrée, bien entendu, notre douane ; mais les rues sont solitaires, le commerce mort.

Aux avant-postes, des blockhaus occupés par l'infanterie de marine et, de temps en temps, le bruit d'un coup de canon.

On a établi sur l'ancien fort une batterie de pièces de marine, qui lance de loin en loin un obus sur les lignes de Faraffatte.

Le lendemain, je me rembarque à bord du *Scorff*, et deux jours après ie descendais à nouveau à Saint-Denis (Réunion).

Là, je suis tout surpris de me trouver, à table d'hôte, avec le lieutenant-colonel et les chefs de bataillon des compagnies d'infanterie de marine qui sont à Madagascar.

Le chef du bataillon des volontaires créoles est également ici.

Mystère et politique ! Pourquoi ces officiers supérieurs sont-ils à la Réunion, où il n'y a pas un soldat, pendant que leurs hommes sont disséminés à Madagascar et commandés par des officiers de vaisseaux ?

Enfin, le courrier de Nouméa arrive et je ne puis prendre ce bateau des Messageries qui va me transporter à Marseille.

Ces grands steamers des Messageries sont parfaits ; beaux bateaux de cent trente-cinq mètres de long, confortables et très gais, ayant à leur bord des passagères de l'Australie, de Maurice et de la Réunion qui ne demandent qu'à danser, la soirée venue.

Voici que je revois au passage les Seychelles ; Aden, où les Anglais construisent toujours des forts, mais ne peuvent réussir à faire tomber une goutte de pluie ni à faire pousser une feuille de salade.

Je fais l'emplette, là, de plumes d'autruche qui sont vendues dans de bonnes conditions.

Puis nous nous enfonçons dans la mer Rouge et retrouvons le canal de Suez où nous croisons quantité de transports de guerre français pour le Tonkin ; Anglais pour l'Inde et l'Egypte et, à notre grande surprise (n'étant pas au courant des affaires d'Europe), Italiens pour Massouah. Les pauvres diables ! — Après cela, je suis bien bon de les plaindre, moi Français.

Nous essuyons un fort coup de vent dans la Méditerranée, mais cela m'est bien égal.

En arrivant à la hauteur du cap Spartivento, la mer s'est calmée, et, c'est par un temps magnifique, et de jour que nous traversons cette fois le canal de Messine.

Quel panorama splendide !

D'un côté les collines et derniers contreforts des Apennins en Italie et de blancs villages égrenés au pied des collines sur les bords de la mer.

De l'autre côté, la Sicile sévère et dominée par l'imposant Etna.

C'était le matin. Le sommet du mont Etna, au fur et à mesure que le soleil se levait derrière nous, apparaissait blanc rosé au-dessus des plus hauts nuages et, peu à peu, à nos pieds et sortant du brouillard, se dessinaient les belles maisons de Messine à gauche et de Reggio à droite.

Notre grand navire filait sur cette mer unie comme un miroir en déroulant à nos yeux ce tableau magnifique.

Grimpé à l'avant extrême du bateau, je n'entendais plus derrière moi le bruit de la machine ni de l'hélice, et il me semblait qu'une main invisible faisait passer devant mes yeux ces décors splendides.

Après avoir dépassé Charybde et Scylla, nous nous trouvons au milieu des îles Lipari, puis nous découvrons les côtes de la Sardaigne.

Notre commandant, prenant en considération que le temps est calme, se décide à passer le détroit de Bonifacio.

Nous obliquons aussitôt à bâbord, rangeons de très près l'île de Caprera, où n'est plus Garibaldi, et traversons sans encombre les bouches de Bonifacio.

Le lendemain, nous jetions l'ancre dans le port de Marseille et, un jour après, transi de froid, j'arrivais chez moi à Paris.

Trois mois de congé, de la viande saignante, du repos, la famille, et je serai prêt à me rendre à la Martinique.

Novembre 1883 à juin 1885.

UNE EXCURSION DANS LE BAS-MARONI

(GUYANE FRANÇAISE)

Note adressée à la Société de Géographie

Le 14 mars 1892, M. A. Grodet, gouverneur de la Guyane française et le directeur de l'Administration pénitentiaire, partaient en tournée d'inspection pour visiter les établissements pénitenciers des Iles-du-Salut, du Maroni et remonter ce fleuve jusqu'au saut Hermina.

M. le Gouverneur avait bien voulu me désigner pour l'accompagner.

Nous nous embarquons de bonne heure sur le *Cappy*, petit vapeur français qui est chargé du courrier anglais, de Cayenne à Démérari, du ravitaillement des placers, et du débarquement des marchandises dans les bourgs échelonnés le long de la côte, ainsi que dans les établissements pénitenciers.

Cayenne fuit derrière nous, enfoui dans la verdure de ses hauts palmiers et manguiers ; au fur et à mesure que l'on avance, il disparaît, surplombé par les montagnes qui l'environnent, montagnes qui, vues de la ville, semblaient de simples monticules.

Voici « l'Enfant perdu », îlot servant de point de repère pour entrer dans la rivière de Cayenne ; la mer est calme, nous naviguons sur les vases molles ; bientôt après, le *Cappy* se met à rouler d'une manière effroyable ; nous sommes sur un banc de vases dures, le roulis est intenable. Heureusement, trois heures après, les Iles-du-Salut sont en vue ; nous mouillons dans la rade de l'île Royale ; là, calme plat, soupir de soulagement.

Il en est ainsi sur tout le littoral des Guyanes. Les grands fleuves : l'Orénoque et l'Amazone ; les plus petits fleuves : l'Oyapock, l'Approuague et le Maroni, charrient des monceaux de terre qui forment, de leur mélange avec l'eau de mer, des bancs de vases, tantôt durs s'ils sont d'ancienne formation, et mous s'ils sont récents. La mer est dure sur les premiers et fait rouler tous les navires d'une manière épouvantable, à donner le mal de mer au marin le plus endurci ; douce sur les seconds.

A trois heures, nous débarquons sur le warf de l'île Royale. Les Iles-du-Salut se composent de trois îlots : le plus grand, l'île Royale, les deux plus petits, l'île du Diable et l'île Saint-Joseph, et servent de pénitenciers.

L'île Royale est assez élevée ; d'un mille de long, elle est toujours battue par les vents du nord et de l'est ; pourtant elle n'est pas dénudée, et son plateau central est ombragé par de beaux manguiers ; les transportés qui y sont internés se livrent à des travaux de construction et de culture. Les fonctionnaires ne sont pas trop isolés, l'administration pénitentiaire, la troupe, le service de santé, forment un noyau suffisant pour éloigner la nostalgie ; ils peuvent se livrer (sur une petite échelle) à la pêche et à la chasse ; la chasse donne peu de résultats, la pêche est plus fructueuse. Les deux autres îlots sont habités par des transportés incorrigibles ou malades ; l'îlot Saint-Joseph contient des incurables, pauvres condamnés traînant leur existence misérable jusqu'à leur mort, ils disparaissent de cette terre sans laisser un souvenir.

Les abords de ces îles sont infestés par des bandes de requins voraces ; aussi les évasions sont presque impossibles.

L'inspection terminée, nous dînons heureusement tranquilles à bord du *Cappy* et, à six heures, nous piquons dans la haute mer. Vases molles, repos relatif ; vases dures, balancements insensés ; ainsi se passe la nuit.

Au petit jour, nous sommes en face de l'embouchure du Maroni, large à cet endroit de près de trois kilomètres. A

Place des Palmistes (Cayenne).

sept heures, nous sommes en plein fleuve et définitivement tranquilles à bord.

De chaque côté, des palétuviers, aussi loin que la vue peut s'étendre; à droite, les Hattes où l'administration pénitentiaire se livre à l'élevage du bétail ; à gauche, de loin en loin, de petits villages d'Indiens Galibis ; l'on aperçoit leurs carbets enfouis sous la verdure.

Puis, toujours des palétuviers ; le fleuve, très beau dans sa grandeur, roule à gros bouillons ses eaux jaunâtres. Le *Cappy* file à toute vapeur. A onze heures, à un coude, la ville de Saint-Laurent du Maroni s'offre brusquement à nos regards, derrière un îlot.

Toutes les autorités sont rangées sur l'appontement, nous descendons, et après les saluts d'usage et les présentations officielles au Gouvernement, il m'est permis de me livrer à un repos bien mérité.

L'après-midi, visite d'une partie de Saint-Laurent. C'est une petite ville très coquette, très propre ; les rues bien entretenues, bien sablées et éclairées, les maisons entourées de jardins.

Saint-Laurent sert de pénitencier aux transportés qui sont chargés de quantité de travaux de voirie, de constructions, etc. En dehors des hôpitaux, casernes pour la troupe, bureaux, églises, pénitenciers, le tout très propre et parfaitement tenu, la ville se continue par des rues habitées par des libérés et des gens libres. Le commerce est assez considérable, c'est de Saint-Laurent que partent en grand nombre les pirogues pour les placers.

La ville possède des squares charmants et un magnifique jardin botanique, dessiné et entretenu par l'agent général de la colonisation pénitentiaire. Ce beau jardin a comme fond de tableau une forêt de palmiers géants et, à ses pieds, se déroule le Maroni. Bien des villes envieraient une telle promenade. A côté, une grande savane où paissent une cinquantaine de buffles amenés de Cochinchine, gras et luisants, la peau tendue couleur gris de cendre, les cornes longues couchées le long de la tête ; ils nous regardent paisiblement de leurs bons yeux de ruminants ; ils sont très peu sauvages, dressés et conduits par des Annamites transportés qui ont gardé leur costume national. Ces bêtes sont excellentes pour le charroi, vont lentement, mais très longtemps, elles tirent dans les terrains sablonneux où les bœufs périraient à la peine.

Le lendemain, 16 mars, nous nous embarquons sur une chaloupe à vapeur de l'administration pénitentiaire, pour faire visite au commandant d'Albina.

Albina, petite ville de 20 à 30 maisons, se trouve sur la rive hollandaise, presque en face de Saint-Laurent.

Nous sautons comme nous pouvons à terre, ce poste étant dépourvu d'appontement, et nous nous trouvons au milieu d'une quantité d'Indiens et de Boschs. Le commandant vient à notre rencontre, accompagné du médecin des troupes qui est revêtu d'un superbe costume avec fourragère en or semblable à celles des anciens artilleurs ou lanciers, et armé d'un magnifique sabre de cavalerie, qui me surprend un peu, porté par un médecin d'infanterie coloniale.

Les soldats d'infanterie, commandés par un sergent allemand, sont rangés devant leurs deux canons ; ils sont habillés de bleu clair avec des torsades jaunes sur les épaules et coiffés de képis d'une hauteur surprenante.

Après les saluts d'usage, pendant lesquels les deux canons font rage, pour saluer le gouverneur de la Guyane et le pavillon français, que le commandant d'Albina a eu l'attention délicate de faire arborer à sa maison, nous faisons le tour d'Albina. A part six à dix belles maisons en bois habitées par le commandant, le médecin, des négociants hollandais et chinois, le reste ne se compose que de cases en paille. Le tout propre.

Les Indiens Boschs nous suivent tous et nous font cortège jusqu'à la caserne d'infanterie qui loge dans des paillotes en bois recouvertes de feuilles, très bien entretenues et bien aérées. La maréchaussée (leur gendarmerie), contrairement à la nôtre, qui trouve le moyen d'être toujours la mieux logée dans nos colonies, habite une case sordide. Son costume est bleu foncé avec des parements blancs, grenades blanches au collet, et toujours le monumental képi.

Albina sert de poste d'observation ; les Boschs qui l'habitent font le transport par pirogues sur les placers, des marchandises ou des placériens qui se rendent sur l'Awa ou le Tapanahoni.

Il faut reconnaître, à la louange de la Hollande, que les autorités d'Albina font saisir impitoyablement tous les transportés qui s'évadent des pénitenciers du Maroni et les ramènent au commandant supérieur de Saint-Laurent.

Je ne jurerais pas qu'elle saisit avec autant de soin, pour le faire rendre à la douane française, l'or qui sort en fraude des placers français. Je ne serais pas surpris qu'elle ferme un peu les yeux sur la provenance de ces productions, ce qui lui permet de percevoir 5 0/0 à la sortie de Paramaribo et... de faire vivre Albina.

Au retour à Saint-Laurent, nous trouvons sur la berge tout un débarquement d'Indiens Galibis, hommes et femmes revêtus du simple calembé, qui est une pièce d'étoffe qu'ils enroulent autour des reins en forme d'un caleçon de bain assez lâche. Tous petits, gros et gras, bien faits, le corps peint en rouge avec des raies noires sur le ventre, les seins et la figure; les cheveux longs et flottants.

Tous ces Indiens habitent des carbets sur la rive hollandaise, travaillent peu, pêchent et chassent, pendant que les femmes façonnent des hamacs, des instruments en bois et des poteries. Quand ils ont ramassé assez d'argent avec le produit de leur pêche ou la vente de leurs hamacs, ils viennent le boire à Saint-Laurent, et le lendemain, ou le troisième jour, n'ayant plus un sou, ils rentrent ivres morts.

Je n'ai jamais compris, en les voyant s'embarquer, ne tenant pas debout, comment tous, hommes, femmes et enfants ne tombaient pas à l'eau en s'installant dans leurs pirogues minuscules qui n'ont aucune stabilité.

Ces Indiens ne se marient qu'entre eux, sont brûlés par l'alcool ; la paresse et la débauche les auront bientôt fait disparaitre.

L'on peut en voir actuellement des spécimens à Paris, au Jardin d'Acclimatation, parmi les Indiens amenés par M. Laveau, qui a accompagné M. Coudreau dans ses voyages de découvertes à la Guyane française.

Continuation des inspections. Visites à l'hôpital, aux écoles tenues par les sœurs qui élèvent un assez grand nombre d'enfants ; à côté, la maison des transportées qui ne sont que six ou huit, des noires des Antilles la plupart. Les femmes condamnées aux travaux forcés n'étant envoyées à la Guyane que sur leur demande, il n'est pas surprenant que les établissements pénitenciers n'en possèdent qu'un nombre des plus restreints.

Puis, les reléguées ; deux cents femmes environ, qui sont, elles, des récidivistes endurcies.

L'établissement, très bien tenu par les sœurs ; les femmes, vêtues d'un caraco et d'un jupon bleu, se livrent à des travaux de couture.

Pas une figure qui frappe, aucune énergie sur ces traits abêtis, les expressions ne sont ni basses ni cruelles, simplement des regards en dessous.

Les reléguées le sont pour toute leur vie ; mais quantité se marient avec des libérés, ou obtiennent de servir dans les établissements publics, hôpitaux, etc.

Parmi les transportés hommes, l'on rencontre beaucoup plus d'expressions farouches, les yeux surtout sont haineux. Pourtant, c'est l'exception, le dur travail, le climat débilitant ont vite fait de rendre souples les natures les plus rebelles et, n'étaient leurs costumes en toile uniforme et leurs figures et cheveux rasés, l'on pourrait croire, à les voir passer, que l'on se trouve au milieu de braves travailleurs.

Dans la journée, nous montons en chemin de fer qui

nous conduit, pas trop vite, à Saint-Maurice et à Saint-Louis.

Saint-Louis est un autre centre de transportation. Quant à Saint-Maurice, situé à sept kilomètres de Saint-Laurent, c'est une usine à sucre et une distillerie appartenant à l'administration pénitentiaire.

L'on y fabrique d'excellent rhum, qui est le produit de la distillation directe du jus de canne, tandis que le tafia, de qualité inférieure, s'obtient en distillant les mélasses fermentées, résidus du jus de cannes qui ont produit du sucre.

Ce petit chemin de fer est un Decauville, avec des wagons qui me rappellent ceux de l'Exposition de 1889 ; mais si ce sont les mêmes, ils parcourent des espaces qui sont loin de ressembler au Champ de Mars et à l'Esplanade des Invalides.

Les environs de Saint-Maurice et de Saint-Laurent sont cultivés par des Arabes transportés libérés, qui ne produisent que de la canne à sucre, qu'ils apportent et vendent à l'usine de Saint-Maurice.

En dehors de ces plantations, l'on ne rencontre que des restes d'habitations de concessionnaires européens qui sont tous morts. Les enfants des libérés pourront peut-être, dans un avenir éloigné, se livrer sans crainte à la culture des terres de la Guyane ; quant aux condamnés qui arrivent d'Europe, le corps ruiné par le vice et la débauche, il est à craindre qu'ils ne pourront jamais impunément travailler la terre. Les travaux de construction, de menuiserie leur restent.

Les Arabes, les noirs et les Annamites, seuls, pourront obtenir de beaux résultats de la culture des terres fertiles du Maroni.

Le lendemain, 17 mars, en chaloupe à vapeur et en route pour Saint-Jean, qui se trouve à vingt kilomètres plus haut que Saint-Laurent. Les deux villes seront reliées, d'ici peu, par un chemin de fer Decauville en voie de construction, déjà bien avancé.

La traversée est assez belle, coupée pourtant par des grains qui vous trempent des pieds à la tête. Le Maroni est très beau ; sa largeur est de plus de deux kilomètres à la sortie de Saint-Laurent ; mais, peu après, il est coupé par une grande île de douze kilomètres de long, l'îlot Portal, habitée par une famille de colons français concessionnaires, qui se livrent à la culture du roucou.

Saint-Jean, situé à quarante kilomètres de l'embouchure du Maroni environ et que nous atteignons après une heure et demie de navigation, est de construction récente, il sert de pénitencier aux relégués hommes ou récidivistes.

Les habitations se trouvent sur des monticules de terres argileuses très glissantes, les bas-fonds contiennent des marais ; un air lourd, triste, pèse sur cette nature désolée, l'on ne rencontre que des figures fatiguées.

Saint-Jean est loin d'être un lieu de délices, mais, encore une fois, les constructions ne sont pas terminées, les marais seront comblés, les habitations nouvelles seront saines. Alors Saint-Jean changera complètement d'aspect.

Le soir, retour à Saint-Laurent qui nous semble une ville attrayante avec son mouvement de soldats et de fonctionnaires, ses rues propres et bien éclairées.

Le 20 mars, préparatifs pour notre dernière excursion qui sera : la forestière et le saut Hermina avec le village d'Apatou, à quatre-vingt-quinze kilomètres de l'embouchure du Maroni.

Nous partons frappés de grains violents, nous longeons l'îlot Portal, Saint-Jean ; là, le Maroni libre s'offre à nos regards dans toute sa majesté, sa largeur dépasse mille cinq cents mètres ; les palétuviers ont disparu pour faire place à une végétation exubérante des tropiques ; des arbres, à l'écorce blanche, brillent parmi les fouillis des lianes, au-dessus, le palmier pinot, en quantité innombrable, dresse sa tête gracieuse, des fleurs piquent de taches rouges, blanches et jaunes tout cet épanouissement de branches et de feuilles.

Puis, apparaissent des îlots en nombre infini, le cours

du Maroni, très large, n'en est point arrêté et le spectacle de toutes ces îles de différentes forme et grandeur est charmant. Tantôt, ce sont de gros îlots de formation ancienne, recouverts d'arbres géants ; tantôt, des îles minuscules que l'on serait tenté de prendre à la main et de poser comme une corbeille de verdure et de fleurs sur une table, en surtout.

Les rives du Maroni se présentent au regard comme des portants de théâtre ; à peine avons-nous dépassé les iles qui nous cachaient l'horizon, que des pointes nouvelles surgissent de chaque côté.

Brusquement, l'ombre se fait ; c'est une rafale de vent et de pluie diluvienne qui s'abat ; tout disparaît ; l'on n'entend plus que le bruit de la machine et le crépitement de l'eau sur le fleuve, qui coule avec rapidité.

Le soleil paraît derrière un décor de féerie, et le paysage reprend son aspect ordinaire.

A la nuit, nous débarquons, trempés et fatigués, à l'appontement de l'établissement forestier.

L'administration pénitentiaire a acheté cet établissement à une ancienne Société, dont les affaires périclitaient, et se livre à l'exploitation des bois de la Guyane, au moyen de la main-d'œuvre pénale, pour les besoins des constructions pénitentiaires de la colonie et exporte en France les plus beaux produits.

L'on est surpris de trouver, en pleine forêt des Guyanes, à cinquante kilomètres de tout centre, une usine à vapeur et une scierie mécanique qui fonctionnent dans la perfection.

Visites aux ateliers ; là sont apportés, au moyen de wagons, des troncs d'arbres énormes qui viennent de la forêt et sont débités en planches ou solives. Ce petit chemin de fer rayonne par plusieurs embranchements qui fusent à cinq ou six kilomètres dans l'intérieur.

Les essences précieuses, à la Guyane, ne se trouvent pas groupées, il faut donc aller les chercher au milieu de fourrés impénétrables ; là, les arbres sont abattus par les transportés et posés sur plusieurs wagonnets.

L'ingénieur choisit et fait embarquer sous nos yeux plusieurs billes de bois magnifiques et énormes : des pana-cocos rouges avec bandes jaune doré, des lettres mouchetées de toute beauté, des satinés rubanés qui imitent la moire.

Plusieurs de mes honorables collègues de la Société de Géographie pourront, sous peu, admirer ces bois sous forme de meubles artistiques, car ils sont destinés, par M. le Gouverneur, à orner les appartements de M. le Président de la République, au sous-secrétariat d'Etat, et à l'Exposition permanente des Colonies.

Ces bois seraient une source de richesse inépuisable pour la colonie, s'ils se trouvaient à proximité des fleuves et réunis en familles. Malheureusement, il faut aller les chercher au loin dans l'intérieur de forêts dangereuses, et l'on ne rencontre les bois précieux que dispersés de loin en loin, perdus dans des fouillis de lianes et d'arbres sans valeur.

Vers 3 heures du matin, nous sommes réveillés ; ce sont des pirogues de Bonis qui viennent nous demander l'hospitalité.

Nous descendons sur la berge où les Indiens se tiennent immobiles dans leurs petits esquifs ; ils se découpent en noir comme des statues de bronze sur l'horizon. Le spectacle est imposant : le Maroni, calme, fortement éclairé par la lumière réfléchie de la lune qui brille en haut du ciel pur, s'écoule avec lenteur et majesté, semblable à un bloc d'argent en fusion. De chaque côté, à l'infini, les forêts des Guyanes française et hollandaise déroulent leurs fourrés impénétrables d'un noir sombre sur une rive et vert clair sur l'autre ; pas un bruit, un calme absolu plane sur cette nature pleine de poésie ; seuls, de loin en loin, le cri du singe rouge ou le rauquement sourd du jaguar. Nous sommes sous le charme, mais tout a une fin et nous rentrons prosaïquement sous nos moustiquaires tenus en éveil par des légions de rats énormes, qui hantent notre vieille habitation.

Au petit jour, des buées traînent comme des loques sur toutes ces forêts et sur le fleuve ; le soleil, peu à peu, dissipe ces nuages ; en route pour le saut Hermina.

Toujours des îles, des pointes de verdure ; au loin, des collines de plus en plus élevées se dessinent en bleu foncé. Enfin, nous arrivons en vue du saut Hermina : un rocher noir, posé en sentinelle avancée, puis des quantités de roches à fleur d'eau ; heureusement, nous sommes en pleine saison des pluies, et le fleuve est haut ; sans cela, nous ne pourrions naviguer qu'en pirogue au milieu de ces rochers.

Le saut Hermina est constitué par une succession de rapides qui s'écoulent avec fracas entre les roches, ce n'est pas une dépression brusque de terrain constituant un saut, dans toute l'acception du mot.

Nous arrivons doucement, doucement, et nous nous arrêtons en face du village d'Apatou, but extrême de notre excursion. En face, un poste de Hollandais logés sous des cases en paille. A notre gauche, le village Boni d'Apatou, il faut descendre.

Mais, nous sommes depuis de longues heures dans des parages peu civilisés, les commodités disparaissent, l'appontement du village se compose donc d'un simple tronc d'arbre de vingt mètres de long, jeté négligemment sur le fleuve ; il est recouvert d'une mousse glissante.

C'est sur ce pont qu'il faut débarquer ; je ne m'y engage qu'avec la plus grande prudence et pousse un ouf ! de satisfaction arrivé au bout sans encombre.

Tout n'est pas dit pourtant : il nous reste à grimper un raidillon formé, sans escaliers, de terre rouge argilo-ferrugineuse, glissante au possible.

Enfin, nous arrivons en haut de ce malencontreux monticule, mais non sans peine ; une chute sur cette terre détrempée et glissante eût été désastreuse pour le prestige de l'autorité que nous représentons.

Encore deux ou trois exercices semblables, et je pourrai me présenter, avec quelque chance de succès, pour décrocher la timbale aux sommets des mâts de cocagne les mieux savonnés.

Réception enthousiaste ! Grand nombre d'hommes sont dans la rivière, mais la mère d'Apatou, son fils, des vieillards et toutes les femmes sont là.

L'on nous conduit à la case en bois d'Apatou et les palabres commencent ; toasts, santés et discours.

Puis, nous nous levons et faisons le tour du village ; les femmes ont repris leurs travaux habituels, les hommes flèchent le poisson; nous prenons l'existence ménagère des Bonis sur le vif.

Apatou, Grand-Man ou capitaine des Bonis du saut Hermina, est bien connu (de nom) des honorables membres de la Société de Géographie ; ce fut le compagnon fidèle et le guide de notre infortuné Crevaux ; il a accompagné M. Coudreau pendant une partie de ses voyages dans la Guyane. Pour le moment, il est en prospection ou recherches sur son placer. C'est un excellent homme, vêtu à l'européen, parlant bien français, aimant la France et tout dévoué à nos intérêts.

Le Grand-Man ou chef général des Bonis (Occhi, depuis la mort récente d'Anato) réside beaucoup plus haut, à Cottica.

Tous les Bonis, dont une grande partie habitaient sur le territoire anciennement contesté de l'Awa, ont réclamé leurs droits au titre de Français et, dans une lettre adressée, le 23 février 1892, à M. le Gouverneur de la Guyane française, ils demandent des concessions sur le territoire français, s'engageant à continuer le canotage pour les placériens français.

M. le Gouverneur a accueilli favorablement leur demande; cette résolution des Bonis est de la plus haute importance pour l'avenir des placers de nos nationaux du haut Maroni et des territoires placés sur la rive droite de l'Awa (territoire français).

En effet, les Indiens Roucouyennes, Oyampis et Oya-coulets ne descendent jamais, ou presque jamais, dans le bas Maroni ; les Galibis, très réduits comme nombre, sont paresseux. Il ne reste donc, pour alimenter les placers et transporter les ouvriers et chefs placériens, que les Indiens Boschs et Bonis.

Les Boschs habitent le territoire hollandais et sont sujets hollandais ; ils résident le long du Maroni avec un gros de population à Albina ; ils sont en querelles et presque guerres perpétuelles avec les Bonis.

Ils sont nombreux, il est vrai, mais si, comme tout porte à le croire, les cent soixante à deux cents familles Bonis, soit environ six cents Bonis, s'installent définitivement sur le territoire français (comme ils le réclament), ils suffiront largement pour assurer aux anciens prix le service de transport et de ravitaillement ; encore une fois, cette question est de la plus haute importance et, l'inter-vention directe, sur les lieux, de M. le Gouvernenr, n'a pu qu'activer l'entente prompte et aplanir les difficultés, pour le plus grand bien des intérêts de la colonie.

Revenons au village d'Apatou.

Les Bonis ont de bonnes figures, franches et ouvertes, malgré leurs rapports constants avec les créoles et les placériens, l'alcool ne les a pas perdus. Ils ont le torse athlétique, les jambes grêles ; cela s'explique, étant donné qu'ils marchent peu, se tiennent immobiles dans leurs pirogues ; les muscles des bras et du tronc seuls tra-vaillant.

Les femmes sont droites comme des joncs, parfaitement bâties, bien musclées, les chairs fermes, l'expression de la figure douce et intelligente, les yeux magnifiques.

Le costume des hommes, chez eux ou au travail, se compose exclusivement du calembé, pièce d'étoffe roulée autour des reins, passant entre les cuisses et attachée en arrière. Celui des femmes est absolument le même ; mais, encore plus simplifié pour les enfants des deux sexes qui vont nus jusqu'à huit à dix ans ; les filles de quinze à dix-huit ans, non mariées, s'attachent une simple corde autour des reins et laissent pendre, par devant, un tablier de la grandeur d'un demi-mouchoir de poche.

Les femmes mariées portent le calembé et jettent une pièce d'étoffe sur leurs épaules. Les vieilles femmes ont quelquefois une gaule ou chemise créole.

Des verroteries au cou, aux poignets, les cheveux hérissés en petites houppes : voilà la femme Boni.

Si les hommes piroguent et descendent dans le bas Maroni, l'on ne voit jamais les femmes dans les lieux habités par les Européens, elles restent à travailler dans leurs villages, leurs fleuves et leurs forêts ; aussi ont-elles gardé toute leur pureté de ligne sculpturale, leurs mœurs douces et leur regard franc et bon.

Leurs ajoupas se composent d'un toit en feuilles dressé sur des piquets et ouvert aux deux bouts, des hamacs délicatement tressés et suspendus aux poutres, des escabeaux en bois du pays ouvragés, des couis ou calebasses finement décorées, voilà tout leur ménage. Ajoutez-y, à l'extérieur, de grands blocs de bois creux et des pilons, pour préparer la cassave ou farine de manioc.

Rien de gracieux comme la vue de ces belles filles aux formes pures et graciles s'enlevant en beau noir poli sur le vert des bananiers, pendant qu'elles foulent la farine de leurs grands pilons.

Notre promenade dans le village est ainsi des plus intéressantes ; une petite Boni, de trois à quatre ans, la petite Massé, au regard malicieux et intelligent, s'est attachée au Gouverneur, qui lui donne la main ; elle le suit partout comme un petit chien docile.

Avant notre départ, dernière réunion de tout le village dans la case officielle, Mama Apatou explique, par l'intermédiaire de son petit-fils, que le Grand-Man Apatou, ayant perdu tous ses frères, a désigné comme son frère M. le Gouverneur Grodet ; que tous les Bonis d'Hermina doivent le reconnaître comme tel et lui obéir ; il veut ainsi prouver

Créole de Cayenne.

sa reconnaissance pour tous les bienfaits qu'il a reçus de la France et particulièrement de M. le Gouverneur Grodet.

La petite cérémonie, vue sur les lieux, ne manque pas d'un certain caractère ; l'on sent que tous ces braves gens sont heureux de pouvoir nous prouver leur reconnaissance, et ils le font de tout cœur, franchement, comme ils peuvent.

Embrassades finales, dernières instructions, échanges de cadeaux et embarquement, toujours par ce malheureux tronc d'arbre qui n'en finit pas, et de plus en plus glissant.

Salut aux couleurs françaises, adieux, et en route pour Saint-Laurent.

Nous descendons le Maroni à toute vitesse, nous sommes trempés par la pluie qui tombe à torrents et par les embruns.

Pourtant, malgré tout, nous nous arrêtons à mi-chemin de Saint-Jean au village de Bastien, habité par le reste de la tribu des Indiens Tapouyes.

Ces Indiens portugais sont venus depuis très longtemps du Brésil, ils se sont implantés sur le Maroni et ont servi de conducteurs de tapouyes ou petites goélettes et de pourvoyeurs de placers.

Ils passent leurs journées à implorer les saints de leur pays ; ils ont construit une chapelle, bien plus propre que leurs cases et nous montrent des saints Thomas du Brésil qui, d'après eux, ont beaucoup plus de pouvoir que les saints français.

Ils sont réduits à presque rien, cinquante au plus, sont paresseux, mangent mal ou pas du tout ; habillés, il est vrai, comme les créoles et parlant français, mais sans énergie ; d'ici peu, cette tribu n'existera plus qu'à l'état de souvenir.

Au soir, débarquement heureux à Saint-Laurent ; le lendemain matin, inspection finale, réceptions et embarquement à bord du *Cappy*, retour de Démérari.

Nous descendons une dernière fois le Maroni, gonflé par

les pluies ; nous sommes en pleine mer, secoués comme il n'est pas possible, et après un arrêt réparateur aux Iles-du-Salut, nous mouillons le mardi soir, 22 mars, en rade de Cayenne, trempés, moulus, mais enchantés de notre voyage.

Je n'ai rien à dire ici des inspections des pénitenciers, mais en ce qui concerne l'établissement des Bonis sur la rive française, les secours à apporter aux placériens qui se trouvent sur le territoire français de la rive droite de l'Awa, bien des choses restent à faire ; ces questions seront traitées sous peu, sur les lieux mêmes, et tout sera fait pour assurer la sécurité et la prospérité des placers français.

Cayenne, le 24 mars 1892.

Le Trésorier-Payeur de la Guyane française,
Membre de la Société de Géographie
de Paris,

AD. DOMERGUE.

TABLE DES MATIÈRES

Pages

CAMPAGNE DE MADAGASCAR.

GRAVURES